Más allá
de la
Reencarnación

Sobre el autor

Joe H. Slate, Ph.D. (Alabama), es Psicólogo licenciado y profesor honorario de Psicología en Athens State University. Las Fuerzas Armadas de los Estados Unidos y la Fundación de Parapsicología de Nueva York han financiado sus proyectos de parapsicología. Sus investigaciones condujeron al establecimiento de la Parapsychology Research Foundation. El doctor Slate ha aparecido en varios programas de radio y televisión, incluyendo *A Strange Universe* y *Sightings*.

Joe H. Slate, Ph.D.

Más allá

DE LA

Reencarnación

Regrese a sus vidas pasadas
y descubra la vida después de la vida

Traducido al idioma Español por
Héctor Ramírez • Edgar Rojas

Llewellyn Español
Woodbury, Minnesota

Primera Edición
primera impresión, 2006

Coordinación y Edición: Edgar Rojas
Cubierta: Cover art © Digital Stock y © Brand X Pictures
Diseño de la cubierta: Ellen Dahl
Diseño interior: Donna Burch
Fotografías cortesía de Joe H. Slate
Título original en Inglés:
Beyond Reincarnation: Experience Your Past Lives & Lives Between Lives
Traducción al idioma Español: Héctor Ramírez • Edgar Rojas

Llewellyn es una marca registrada de Llewellyn Worldwide, Ltd.

Biblioteca del Congreso. Información sobre esta publicación (Pendiente)
Library of Congress Cataloging-in-Publication Data (Pending)

ISBN 13: 978-0-7387-0911-6
ISBN 10: 0-7387-0911-5

Llewellyn Español
Una división de Llewellyn Worldwide, Ltd.
2143 Wooddale Drive, Dept. 0-7387-0911-5
Woodbury, Minnesota 55125-2989, U.S.A.
www.llewellynespanol.com

Impreso en los Estados Unidos de América

Este libro es su pasaporte al emocionante mundo de la reencarnación y el más allá. Usted está a punto de emprender un viaje de toda una vida. No lleve su equipaje —no lo necesitará—. Todo lo que necesita es disposición para explorar. Ahora será llevado a sus vidas pasadas y su vida entre ellas, incluso a su preexistencia más antigua. ¡Así que bienvenido a bordo, y siga leyendo!

Contenido

Figuras

Agradecimientos

Estoy profundamente agradecido con cada persona cuyo apoyo y estímulo hicieron posible este libro.

Expreso mi más sincero agradecimiento a todos aquellos que con entusiasmo dieron su tiempo y energías en esta investigación. Además, estoy especialmente agradecido con los estudiantes que sirvieron de ayudantes y técnicos de laboratorio. Siempre estuvieron presentes cuando más los necesité. Aunque no aparecen visiblemente en este libro, los resultados de sus esfuerzos se encuentran a lo largo de sus páginas.

Quiero agradecer a mis aprendices colegas cuyas sugerencias, críticas y estímulo ayudaron a la terminación de este libro. Ellos tienen mi mayor respeto y admiración. Estoy especialmente agradecido con los doctores Franklin Turney y Gene Chamberlain por sus contribuciones imaginativas y profundas. Doy las gracias más sinceras a Warren McLemore, quien ayudó con la fotografía, y a Ricky Pruitt, quien brindó una invaluable asistencia técnica. Siempre estaré agradecido con Isaac Dean y mi nieto Marc Slate, quienes contribuyeron en todas las fases de este trabajo.

Deseo expresar mi agradecimiento especial a la Parapsychology Research Foundation por su firme apoyo y estímulo a través de los años. El compromiso de la fundación por la búsqueda de nuevo conocimiento ha sido una fuente de inspiración que me ayudó a llevar hasta el final este trabajo.

Finalmente, tengo una enorme deuda de gratitud con Michael Maupin, mi editor para la edición en el idioma Inglés de este libro, y a todos los hombres y mujeres de Llewellyn Worldwide por su continuo estímulo y dirección. Espero que este libro refleje sus mayores esperanzas de nuevos mundos brillantes de mente, cuerpo y espíritu.

Prefacio

Aquí está por primera vez una guía práctica para explorar el alcance total de su existencia pasada. Por fin podrá redescubrir sus vidas pasadas, su vida entre vidas, y su preexistencia. Incluso podrá entrever su futuro.

¿Cómo es posible esto? Aquí tiene a su disposición todos los recursos requeridos —hipnotista, maestro, curador y guía—. Mejor aún, ya existen dentro de usted mismo —son parte integral de su ser—. Todo lo que necesita son las estrategias requeridas para llegar a ellos y desatar sus poderes.

Como profesor universitario y psicólogo en ejercicio, puedo dar fe de los muchos beneficios que mis estudiantes y pacientes derivan del autodescubrimiento y confianza en sí mismos. El eje central de este libro es promover la autonomía al explorar nuestra existencia pasada a través de estrategias prácticas. Con la excepción del procedimiento del Parpadeo de los Ojos, las estrategias están basadas en estudios desarrollados por el autor bajo los auspicios del Athens State College (ahora Universidad) o la Parapsychology Research Foundation. Los estudios existen actualmente como informes técnicos inéditos y son citados con números de serie de Informe Técnico (IT).

Con las estrategias presentadas en las siguientes páginas, podrá descubrir por sí mismo la esencia espiritual de su ser. Finalmente experimentará la magnitud total de su existencia. Podrá recuperar las experiencias de vidas pasadas que tienen relevancia para usted en el aquí y ahora. Descubrirá los recursos ilimitados disponibles para usted en el reino espiritual, incluyendo sus guías personales que están constantemente listos para facilitar su crecimiento. Con estas ricas oportunidades frente a usted, ¿quién puede pedir más?

A partir de ahora, emprenderá un nuevo y emocionante viaje a su existencia pasada. ¿El resultado? ¡Una nueva vida dotada de entendimiento, realización y alegría!

Todo el pasado está aquí, presente para ser probado.
—Henry David Thoreau, diario

1

INTRODUCCIÓN

¿Se ha preguntado si ha vivido antes o si vivirá de nuevo?

¿Ha pensado en el alcance total de su existencia, desde su pasado más lejano hasta el presente y el futuro?

¿Ha considerado la posibilidad de que preexistió antes de nacer en un cuerpo mortal?

¿Se ha preguntado si hay una inteligencia detrás del universo, y si es así, cuál es su influencia en usted personalmente?

Probablemente hemos planteado en uno u otro momento estas preguntas, sólo para concluir que no hay respuestas fáciles. Comprender el alcance y significado total de la existencia es uno de nuestros retos más grandes y difíciles. De eso se trata este libro.

Sin embargo, este libro no pretende tener todas las respuestas —ellas deben surgir de usted mismo—. Mi principal propósito al escribir este texto es inspirar la búsqueda de nuevo conocimiento a través de estrategias practicables. Fuera de eso, espero que esta obra despierte en cada uno de nosotros un nuevo compromiso para usar el conocimiento adquirido en favor del mayor bien.

El enfoque central del libro está en la infinidad de la vida dentro del espectro tetradimensional.

1. Su preexistencia o vida antes de su primera vida.

2. Su existencia en cada vida pasada.

3. Su existencia entre vidas pasadas.

4. Su postexistencia o vida después de su última vida.

El término *existencia pasada* como es usado a lo largo de este libro, típicamente indica la totalidad de su existencia pasada, incluyendo la preexistencia y las vidas pasadas, además de su existencia entre las vidas pasadas.

El término *vida pasada* equivale a una vida particular de conciencia encarnada en su pasado que incluye su primera vida o encarnación y cada vida o reencarnación de ahí en adelante.

Existencia desencarnada como es usado en este libro, se refiere a un estado desencarnado de conciencia continua en el trasmundo que también es llamado el otro lado o reino espiritual.

Mi tratamiento de estos temas no excluye la posibilidad de la existencia de vidas pasadas en otras realidades o dimensiones. Considerando la vastedad del universo, y la probabilidad de que nuestro universo conocido sea sólo uno de muchos, es concebible que hayamos existido en otras dimensiones que aún son desconocidas o en gran parte desconocidas para nosotros. También es concebible que las teorías y principios de la ciencia contemporánea, al menos en sus formas convencionales, simplemente no se aplican a esas dimensiones. Si, como lo observó Einstein, algunas dimensiones son desconocidas para nosotros, entonces la ciencia requerida para explicarlas sería igualmente desconocida. Entre mis principales objetivos de investigación ha estado el desarrollo de nuevas estrategias que podrían descubrir lo desconocido y asi ayudar a explicarlo.

Mi énfasis a lo largo del libro está en la infinidad bidireccional de la vida. Aunque en principio puede parecer incomprensible, sólo lo que no tiene comienzo es interminable. Su eterna existencia después de la última vida debe ser contrabalanceada por su existencia eterna antes de la primera vida. No podemos tener una sin la otra. Desde esa perspectiva, cuando miramos atrás en nuestro pasado, no vemos comienzo; y cuando miramos adelante en el futuro, no vemos fin. Así, el viaje de nuestra vida es por siempre continuo e inmensurable —no tiene punto de partida ni destino final—. Dicho simplemente, pero contrario a gran parte del pensamiento convencional, nuestra existencia va de eternidad a eternidad.

Este libro sigue un concepto del mundo espiritual en lugar del secular; enfatiza la continuidad de la evolución dentro de un marco flexible que reconoce la naturaleza espiritual de nuestro ser. Cada persona existe en un plan cósmico que es lógico y ordenado. Es un plan que, como nuestra propia evolución, no es rígido ni automático, sino dinámico y continuo; no es completo ni sabemos individualmente todo lo que hay por saber acerca de él. Uno de los principales objetivos de este libro es promover un entendimiento más profundo de ese plan cósmico y la magnífica totalidad de nuestra existencia dentro de él —pasado, presente y futuro—.

Este libro está basado en la simple premisa de que entre más sabemos de nosotros mismos, incluyendo nuestra existencia pasada, más capacitados estamos personalmente para alcanzar las metas en la vida actual. Es interesante observar que en repetidos estudios de enseñanza eficaz, se ha demostrado que entre más saben los maestros acerca de sus estudiantes, más eficaces son al guiar el aprendizaje. Por eso no es un gran sorpresa que entre más nos conocemos, más aceleramos nuestro crecimiento y desarrollamos nuestros mayores potenciales.

Dondequiera que nos encontremos en el viaje de la vida, somos en cualquier momento la suma total de nuestro pasado, aunque no comprendamos su magnitud y magnificencia. De una u otra forma, consciente o subconscientemente, traemos al presente todas nuestras experiencias pasadas —desde nuestra preexistencia hasta este momento actual en el tiempo—. Dentro de esa enorme totalidad, cada uno de nosotros es una obra interminable en curso.

Nuestras experiencias de vidas pasadas permanecen por siempre con nosotros para un propósito. Pero en lugar de estar automáticamente disponibles en el comienzo de cada vida, nos retan a recuperarlas y descubrir su relevancia para nosotros mismos. Sólo entonces podemos integrarlas en nuestra vida actual. A través del esfuerzo concentrado y el autodescubrimiento es que aprendemos y crecemos. Así es que el conocimiento del pasado se convierte en poder para el presente; así descubrimos nuevos potenciales para ser realizados y disfrutados. Una vez que los descubrimos, los logros en vidas pasadas en particular pueden construir sentimientos de valor y bienestar. Somos menos limitados por nuestra identidad personal y estamos más en unidad con el universo.

Incluso experiencias profundamente dolorosas de nuestra lejana existencia pasada pueden estar cargadas de posibilidades de crecimiento extraordinarias. Una vez que las reconocemos por medio del autodescubrimiento, las decepciones de las vidas pasadas pueden aumentar nuestra capacidad de flexibilidad y adaptación. El sufrimiento de las vidas pasadas, ya sea mental o físico, puede dotarnos de mayor compasión por otros que sufren. La adversidad en vidas pasadas puede aumentar nuestra resolución para superar obstáculos de la vida actual. Como veremos más adelante, el autodescubrimiento de las fuentes de nuestros temores, inquietudes y conflictos puede habilitarnos para superarlos rápidamente.

Dada la relevancia de nuestras vidas pasadas, no es sorprendente que muchos experimentemos vislumbres espontáneos en ellas. Entre los ejemplos están las imágenes de vidas pasadas que a menudo surgen durante el sueño, y experiencias detalladas de vidas pasadas que son reveladas en estados alterados como la hipnosis y la meditación. Otro ejemplo muy común es el déjà vu, que a menudo es explicado como residuos de vidas pasadas. Cada una de estas manifestaciones es un claro llamado a examinar la profundidad del pasado y descubrir su importancia actual.

Incluso las experiencias en el reino espiritual entre nuestras vidas pueden surgir espontáneamente para capacitarnos en el presente. Entre los ejemplos comunes están los vislumbres inspirativos en el mundo espiritual que se presentan como "experiencias intensas". A menudo despiertan recuerdos entre vidas que nos impulsan con conocimiento y fe renovados. Similarmente, muchas de las experiencias oníricas parecen recapitular nuestras interacciones entre vidas con guías y maestros espirituales amorosos que permanecen con nosotros para capacitarnos en la vida actual. Estas experiencias pueden ser tan profundas, que literalmente modifican nuestra percepción del propósito y significado de la vida.

En mi práctica como psicólogo e hipnoterapeuta, mis sujetos durante la hipnosis a menudo experimentan regresiones espontáneas a vidas pasadas de gran relevancia para ellos en el presente. Aquellos deprimidos o inquietos frecuentemente redescubren un guía espiritual amoroso de su pasado que los había ayudado en muchas situaciones difíciles de vidas anteriores. Estas experiencias espontáneas a menudo los reconectan con un ayudante espiritual en el momento que necesitan apoyo o consuelo especial.

Nuestros estudios de regresiones encontraron repetidamente que una presencia amorosa del otro lado a menudo permanece con nosotros a través de varias vidas para guiar nuestro crecimiento (IT 7). Además, como un amigo de confianza, nos acompañaban en nuestra transición a la vida venidera donde seguían guiando nuestro desarrollo en el reino espiritual. ¡Qué reconfortante es saber que podemos experimentar en esta vida la poderosa presencia de nuestros guías espirituales que han estado con nosotros durante muchas vidas y seguirán a nuestro lado en la vida venidera!

Nuestros estudios también encontraron que los sujetos durante la hipnosis ocasionalmente experimentaban un fenómeno espontáneo llamado hipnoproducción, en el cual demostraban habilidades extraordinarias y complejas que no habían adquirido en la vida actual. Por ejemplo, un estudiante universitario que regresó a una vida pasada en Alemania, habló con fluidez el alemán durante la hipnosis, un idioma que no había estudiado en esta vida. Otro sujeto en la regresión dijo complicados conceptos científicos usando términos que no había conocido en su vida actual (IT 12). La hipnoproducción también puede incluir durante la hipnosis demostraciones de grandes capacidades artísticas y musicales que parecen tener origen en vidas pasadas.

Cada una de estas manifestaciones espontáneas de vidas pasadas sugiere una maravillosa reserva de recursos subconscientes y potenciales internos que sólo esperan ser descubiertos. Pero por lo general, descubrir nuestras experiencias de vidas pasadas y recuperar habilidades requiere esfuerzos concentrados y deliberados. Al descubrirlas por sí mismos, las valoraremos más y comprenderemos mejor su relevancia actual. El dominio de estrategias de regresión eficaces podría permitir el acceso a conocimiento crítico e incluso recuperar capacidades perdidas que de otra manera no estarían disponibles para nosotros o requerirían años para ser adquiridas.

El objetivo básico de las investigaciones de vidas pasadas es doble: adquirir nuevo conocimiento y usarlo para el mayor bien, incluyendo nuestro propio desarrollo y el de otros. Los siguientes son ejemplos de los potenciales beneficios del conocimiento de vidas pasadas:

- El conocimiento de vidas pasadas ayuda a satisfacer la necesidad humana básica de conocer. Enajenados de nuestro pasado y desprovistos de su conocimiento, somos como pececillos moviéndose irregularmente en un pequeño arroyo en el campo —fuera de contacto, encerrados—. Lo desconocido invita al conocimiento, y tenemos el potencial para experimentarlo.

• El conocimiento de vidas pasadas da una nueva dirección y equilibrio a nuestra vida. Como al escalar una montaña, el conocimiento de nuestro avance anterior nos impulsa a seguir adelante; amplía nuestra perspectiva y afirma nuestra resolución. Incluso los errores y caídas pasados pueden motivarnos a intentarlo de nuevo.

• El conocimiento de vidas pasadas construye sentimientos de dignidad y valor personal. Descubrimos que somos habitantes permanentes del cosmos, no velas con llama trémula en el viento.

• El conocimiento de vidas pasadas promueve la aceptación y comprensión de los demás. Descubrir que éramos de otra raza, género u orientación sexual en una vida pasada, puede aumentar la comprensión y aprecio por otras personas. El entendimiento de vidas pasadas elimina la intolerancia y el prejuicio de cualquier forma.

• El conocimiento de vidas pasadas tiene un valor terapéutico; es uno de los más poderosos agentes rejuvenecedores y curativos conocidos. El bienestar mental, físico y espiritual está en nuestras manos.

• El conocimiento de vidas pasadas tiene muchas consecuencias globales. Dada la magnitud del conocimiento disponible a través de investigaciones de vidas pasadas, nos tornamos más compasivos con los demás y activos en la solución de apremiantes problemas mundiales, tales como el hambre, la pobreza, las enfermedades, la contaminación ambiental, los conflictos y guerras. Tal vez más que cualquier otro factor, el conocimiento de vidas pasadas nos inspira para ayudar a otros y hacer del mundo un mejor lugar para todos.

A partir de nuestra preexistencia, la vida puede ser vista como un drama continuo en el que desempeñamos muchos papeles. En una vida pasada pudimos haber sido el ídolo aclamado que se ganó la adoración de las masas; en otra, tal vez fuimos el villano vilipendiado y odiado, incluso ejecutado. En una vida pasada, pudimos haber estado totalmente dedicados y comprometidos con nuestra causa; en otra, tal vez fuimos espectadores pasivos. En una vida pasada quizás fuimos un gran líder que ayudó a forjar la historia; en otra, tal vez buscamos un refugio tranquilo lejos de la ruidosa muchedumbre. En una vida pasada pudimos haber escalado a lo más alto o haber hecho saltos cuánticos en nuestra evolución personal; en otra, quizás luchamos sólo para sobrevivir. Cualquiera que sea la naturaleza de su existencia pasada, el viaje de su vida, cuando se observa en la perspectiva apropiada, es un avance eterno.

La justicia cósmica parece estar intrincadamente entretejida en la extensa tela de nuestra existencia. Cuando reconocemos que la adversidad, el cambio, la lucha e incluso la tragedia tienen un enorme potencial de crecimiento, podemos explorar nuestro pasado —y enfrentar el futuro— con optimismo y confianza. Descubrimos que cuando hubo un desequilibrio de sufrimiento e injusticia en una vida pasada, casi siempre en la siguiente hay satisfacción y alegría. Encontramos que el crecimiento bloqueado en una vida pasada es un buen predictor de saltos cuánticos en la siguiente. Como veremos más adelante, nuestras experiencias entre vidas a menudo reorganizan e integran nuestras experiencias en vidas pasadas, incluyendo nuestros contratiempos y decepciones, en formas que orquestan una espiral de crecimiento totalmente nueva.

Descubrir el panorama total de nuestra existencia requiere no sólo explorar el pasado, sino, más importante aún, incorporar los descubrimientos en la vida actual. Aclarar la visión de su existencia actual, es el primer paso importante en ese proceso crítico. A menudo animo a mis estudiantes para que examinen la percepción que tienen de su existencia personal. No es sorprendente que sus visiones varíen mucho; sin embargo, usualmente son positivos y optimistas. Los siguientes son unos ejemplos.

- Un especialista en comercio: "No creo que yo sea una creación divina —¡estoy lejos de eso!—. Pero debe haber una inteligencia creativa de algún tipo detrás del universo".

- Un especialista en humanidades: "Mi vida evoluciona constantemente en lo que considero un plan superior, no sólo para mí sino para toda la humanidad. Dentro de ese plan es que fijo metas y encuentro la dirección".

- Un especialista en psicología: "Todo evoluciona. Lo que necesitamos es un punto de partida que puede ser accidental. Tal vez yo sea sólo una aberración en un universo fortuito. Sin embargo, la vida es bella, y estoy feliz de estar vivo".

- Alguien con profesión desconocida: "Aún estoy buscándole significado a mi vida. No sé a dónde me llevará esa búsqueda, pero estoy abierto a las posibilidades".

- Un especialista en bibliotecnia: "Encuentro significado y realización en mi vida ayudando a otros. Creo firmemente que hay una fuerza del bien en el universo. Fuera de eso, creo que a veces complicamos demasiado las cosas, incluyendo nuestra existencia y el sentido de la vida".

Al igual que mis estudiantes, los participantes de mis talleres expresan diversos puntos de vista con respecto a la naturaleza y significado de sus existencias. Pero en comparación con los estudiantes, sus conceptos están más a menudo matizados con pesimismo, y muchos de ellos cuestionan el sentido de la existencia y el significado de sus vidas. Los siguientes son unos ejemplos.

- Un diseñador de interiores de 27 años de edad: "A veces veo mi vida como una acumulación de escombros sin sentido esparcidos a través de un terreno de desechos. En otras ocasiones, soy más optimista. Desafortunadamente, el mundo actual parece ir girando hacia abajo, no hacia arriba.

- Una abogada de 32 años: "Mi vida es como un cometa moviéndose rápidamente a través del tiempo y el espacio. ¿Se apagará? Probablemente. Sólo espero que deje algo atrás, algo más que un rastro de polvo".

- Un corredor de bienes raíces de 37 años: "Rara vez especulo sobre mi existencia personal. Existo —eso es todo lo que sé y tal vez todo lo que necesito saber—. ¿Para que propósito existo? Parece inútil teorizar acerca de ello".

- Un contratista de construcción de 41 años: "No creo que alguna vez sepamos el significado y propósito total de nuestra existencia. Si descubrimos demasiado acerca de nosotros mismos, podríamos decepcionarnos de lo que encontremos. A veces, menos es mejor —tenemos menos de que preocuparnos"—.

- Una profesora de inglés de 49 años: "Si continuamos nuestra búsqueda, creo que finalmente descubriremos quiénes somos realmente y lo que significa existir. La verdad llegará, pero sólo si persistimos. Todavía estoy buscando".

- Un administrador de almacén de 35 años: "Nunca podremos saber la verdad total de lo que significa existir. Mi existencia es un proceso de revelación eterno que nunca se convierte en un producto final. No hay una verdad absoluta ni respuestas finales".

- Una socióloga de 45 años: "Todavía estoy tratando de comprender el propósito y sentido de mi existencia. Debe haber una razón para que me encuentre aquí en este lugar y tiempo. No concibo pasar por esta vida indiferente y fuera de contacto. Tal vez para eso estoy aquí —para entender plenamente el alcance y propósito de mi existencia"—.

- Un director de personal de 51 años: "Mi búsqueda de significado es un proceso de crecimiento continuo, a veces doloroso en sí mismo. Hay pocas garantías en la vida —son las incertidumbres las que nos impulsan a seguir adelante"—.

- Una profesora de secundaria de 30 años: "No hay límites fijos ni soluciones permanentes para los dilemas de la vida. Las culminaciones tristes de luchas pasadas no son terminaciones —son sólo señales que marcan nuestro desarrollo inestable e inician una continuación de nuestra interminable búsqueda"—.

- Una directora de revista de 41 años: "Soy lo que decida ser. Soy la autora que escribe la historia de mi propia vida; labro mi destino. La vida requiere mi atención y acción. Las oportunidades están frente a mí; está en mis manos aprovecharlas".

Muchos estudiantes y participantes de talleres expresaron una visión espiritual del mundo que reconocía una inteligencia en algún lugar del universo. Pero, irónicamente, no todos ellos aceptaron la naturaleza espiritual de su propio ser. Por ejemplo, un estudiante de ingeniería mecánica señaló: "La existencia de una fuerza espiritual en el universo no necesariamente significa que yo sea un ser espiritual. Puedo ser una parte inteligente de un plan divino sin que yo sea divino. Mi papel puede ser facilitar un plan más grande que yo mismo; de este modo, soy un engranaje secular en una máquina espiritual".

En una interesante posición contraria, muchos de los que tenían un concepto del mundo más secular señalaron que se consideraban seres espirituales. Respecto a ese punto de vista, un estudiante de psicología reflexionó: "El universo es físico, yo soy espiritual. Por lo tanto, mi existencia no depende de la existencia del universo físico o una inteligencia detrás de él. Es posible que yo existiera como ser espiritual antes de que el universo naciera, y si es así, existiré como ser espiritual después de su disolución. En realidad, puedo haber sido parte de la fuerza que creó el universo, suponiendo que no surgió por accidente".

A menudo, acompañando conceptos del mundo seculares y espirituales hubo preguntas concernientes a la capacidad de los seres terrenales para comprender plenamente el significado de sus existencias. Citando la Biblia, un ministro observó que en esta vida "vemos a través de un vidrio oscuro. Sólo en la vida venidera comprenderemos totalmente los misterios de la existencia. Reconocer nuestras limitaciones puede estar entre los propósitos de nuestro ser aquí. Ya sea en esta vida o cualquiera que sea la siguiente, la conciencia de las posibilidades nos impulsará siempre a seguir adelante".

Cualquiera sea nuestra visión actual de la existencia, nuestras experiencias pasadas son influencias poderosas que continúan formando nuestra vida. Desde una perspectiva psicoanalítica, nuestras experiencias de la primera infancia son especialmente importantes. Muchos de nuestros conflictos e inquietudes en la adultez tienen su origen en las experiencias de la niñez sepultadas pero aún activas en la mente subconsciente. Una vez que estas experiencias reprimidas son recuperadas y resueltas, nuestra vida puede ser enriquecida y habilitada con nuevas posibilidades de conocimiento y crecimiento.

Al igual que las experiencias de la primera infancia almacenadas en el subconsciente, las experiencias de vidas pasadas están para siempre con nosotros. Como ya se dijo, somos la totalidad de nuestras experiencias pasadas —no pueden ser borradas—. Además, todas son relevantes, y al igual que las experiencias olvidadas de la niñez, pueden ser recuperadas y resueltas si es necesario. Ellas piden nuestra atención y esperan nuestra investigación.

Nuestras vidas pasadas más recientes a menudo parecen pedir atención, indicándonos que las exploremos y descubramos su relevancia. Por ejemplo, el rechazo parental en una vida pasada reciente puede terminar en una necesidad exagerada de aceptación en la vida actual. Igualmente, la pobreza y privación en una vida pasada puede originar un mayor deseo de éxito económico y seguridad en la siguiente.

Cualquier experiencia traumática no resuelta en una vida anterior puede generar una reacción intensa en la siguiente. Por ejemplo, la muerte causada por una caída en una vida pasada puede ser la fuente de un persistente miedo a las alturas en la siguiente. Similarmente, el encarcelamiento prolongado en un calabozo infestado de gérmenes en una vida anterior, podría ser la fuente de la obsesiva limpieza y el lavado compulsivo de las manos en la siguiente.

Una parte importante de nuestro desarrollo es comprender cómo superar los infortunios de vidas pasadas y transformarlos en nuevos recursos de crecimiento. Como se dijo anteriormente, el conocimiento de vidas pasadas es terapéutico. Nuestros estudios encontraron repetidamente que la aplicación del conocimiento de vidas pasadas en los dilemas de la vida actual casi siempre es suficiente para resolverlos. El poder de ese conocimiento es especialmente evidente para condiciones tales como obsesiones, compulsiones y fobias que casi invariablemente se disipan en la luz del conocimiento de vidas pasadas.

Una experiencia de vida pasada especialmente intensa puede convertirse en una fuerza poderosa que se expresa en una forma más generalizada en una vida posterior. Por ejemplo, si una persona fue traicionada por su pareja en una vida anterior, tal vez sea más cautelosa respecto a tener relaciones románticas en la vida actual. Por otra parte, puede ser más objetiva en sus relaciones amorosas actuales, sabiendo que no siempre son duraderas. Similarmente, una amistad fracasada en una vida pasada podría originar una mayor selectividad al formar las amistades actuales, o por extensión puede incitar una desconfianza general de las personas en la vida actual.

Afortunadamente, los logros de nuestras vidas pasadas siempre están con nosotros como importantes recursos de crecimiento; se convierten en parte de la "extensión del alma", o la capacidad del alma en evolución para extenderse y crecer a través de muchas vidas. Por ejemplo, si vencimos exitosamente la adversidad en una vida reciente, es probable que estemos mejor equipados para enfrentarla en nuestra vida actual. Del mismo modo, si logramos objetivos humanitarios importantes en una vida pasada reciente, los intereses humanitarios pueden permanecer muy fuertes en el presente, gracias al fuerte efecto de refuerzo en compromisos de vidas pasadas.

En una escala muy amplia, el conocimiento de nuestras experiencias de vidas pasadas, ya sean recientes o lejanas, puede darnos el poder que necesitamos para enfrentar plenamente nuevos retos de la vida. Quedamos más capacitados para superar barreras, resolver conflictos, manejar el estrés y construir mejores relaciones sociales, para listar sólo algunas de las posibilidades.

Sin embargo, a menudo estamos encerrados, fuera de contacto con nosotros mismos y enajenados de nuestro pasado. Experimentamos la vida en forma pasiva o indirecta a través de las interpretaciones y direcciones ajenas. Frecuentemente, dependemos de otros para que hagan por nosotros lo que podríamos hacer más eficazmente. Para aumentar nuestro conocimiento y promover el crecimiento personal, debemos abandonar la pantalla que filtra el conocimiento e inhibe nuestro crecimiento. Sólo entonces podemos enfocarnos con propósito en lo que es relevante para nuestra existencia.

En los capítulos que siguen, examinaremos primero nuestra composición básica como seres humanos —mental, física y espiritualmente—, con énfasis en la supremacía del espíritu sobre la mente y el cuerpo. Examinaremos la existencia del alma como una esencia del ser indestructible pero siempre cambiante.

Luego veremos la autohipnosis como una estrategia de regresión, y examinaremos su eficacia al suministrar información de vidas pasadas relacionada con nuestra existencia actual. Presentaremos una estrategia de inducción hipnótica totalmente nueva para usar en conjunto con un procedimiento de laboratorio probado para regresión a vidas pasadas. Examinaremos la capacidad de estos procedimientos para brindar una visión panorámica de nuestra historia personal de vidas pasadas. Exploraremos específicamente las tres dimensiones principales de nuestra existencia pasada: las vidas pasadas, nuestra preexistencia y la vida entre vidas.

Luego veremos diversas manifestaciones desencarnadas, que incluyen interacciones con los difuntos, como importantes fuentes de conocimiento concerniente a la vida venidera y la naturaleza del reino desencarnado. Examinaremos varios relatos de fantasmas y eventos paranormales que parecen manifestar el mundo espiritual. Exploraremos varias estrategias interdimensionales, que incluyen movimiento de la mesa (table tipping) e Interfacing, las cuales pueden ser usadas para iniciar interacciones con el más allá.

Finalmente, veremos el viaje fuera del cuerpo como una potencial fuente de conocimiento de la vida venidera. Presentaremos estrategias extracorporales totalmente nuevas, diseñadas específicamente para explorar el mundo no físico.

A lo largo de los capítulos que siguen, nuestro enfoque constante está en la mina dinámica de conocimiento y potencial existente dentro de cada persona y nuestra capacidad de experimentarla de primera mano. Además de eso, veremos la existencia de especialistas espirituales, incluyendo guías ministrantes, guardianes y maestros —todos ellos presentes para facilitar nuestra búsqueda de iluminación y poder personal—.

Mientras empieza esta importante peregrinación, las siguientes son unas pautas prácticas que le ayudarán a mantener la dirección correcta y lo habilitarán para alcanzar nuevos niveles de crecimiento y conocimiento personal.

1. *Aclare sus objetivos*. Su objetivo puede ser explorar a profundidad una vida pasada en particular o experimentar una visión panorámica de su existencia pasada, desde su preexistencia en adelante. Tal vez su objetivo sea examinar sólo las experiencias pasadas que se relacionan con la situación de su vida actual, tal como una relación personal, problema o decisión importante. Cualesquiera sean sus objetivos, póngalos por escrito en un papel.

2. *Enfóquese en sus indagaciones*. Diríjase a lo que parece relevante en el momento.

3. *Mantenga su perspectiva y permanezca equilibrado*. Si sus indagaciones parecen salirse de curso, regréselas a un nivel adecuado.

4. *Construya la confianza en sí mismo*. Si tiene momentos difíciles durante sus indagaciones en vidas pasadas, recuerde que usted está en control. Sus objetivos escritos le darán dirección a las indagaciones y reforzarán su resolución de lograrlas.

5. *Invoque la dirección de sus guías y maestros superiores*. Conozca estos especialistas de crecimiento personal; lo acompañarán y brindarán el apoyo que necesita para lograr sus objetivos.

6. *Perfeccione sus indagaciones de vidas pasadas*. Examine periódicamente sus objetivos y evalúe los resultados de las indagaciones. Vea su progreso general y piense a dónde ir desde ahí. No dude en hacer modificaciones cuando sea necesario.

7. *Lleve un registro de su progreso y de sus experiencias de regresión*. La documentación detallada puede identificar eventos significativos además de pequeños fragmentos de información que son críticos para su progreso.

8. *Analice sus descubrimientos en vidas pasadas.* Agrúpelos en categorías y priorícelos. Busque relaciones y temas centrales. Examine la relevancia actual de sus descubrimientos.

9. *Use su conocimiento de vidas pasadas para tomar decisiones y solucionar problemas.* El conocimiento de vidas pasadas puede aumentar la calidad y satisfacción de su vida.

10. *Permanezca receptivo al amor cósmico.* El alma se desarrolla en el amor verdadero en el estado o dimensión que existe. El auténtico amor cósmico es la condición más elevada de libertad y crecimiento; puede soltar ataduras kármicas y activar su evolución con nuevas posibilidades de crecimiento extraordinarias.

Resumen

Nuestra existencia en este momento es una manifestación de nuestra inmortalidad como seres espirituales conscientes. Como almas, vamos de la eternidad a la eternidad. Nuestro pasado está por siempre dentro de nosotros y el futuro está por siempre frente a nosotros. Abrazando a ambos, enriquecemos el momento.

Nuestra evolución, al igual que nuestra existencia, es eterna. Entre mayor sea el entendimiento de nuestra existencia en la plenitud de su contenido y alcance, más eficaces somos al acelerar nuestra propia evolución mientras promovemos la evolución de otros. Ese es el reto de cada vida y cada momento dentro de ella.

Explórate a ti mismo. Aquí se requieren la visión y el nervio.
—Henry David Thoreau, Conclusions, Walden (1854)

2

LA CONEXIÓN
MENTE-CUERPO-ESPÍRITU

Somos una combinación de mente, cuerpo y espíritu. Sin embargo, dentro de estas tres partes interactivas hay una cadena lógica de mando en la cual el cuerpo es subordinado de la mente, y la mente y el cuerpo son subordinados del espíritu. Probablemente hemos experimentado en una u otra ocasión esos momentos espiritualmente iluminadores que nos recuerdan la preeminencia del espíritu sobre la mente y el cuerpo. Entre los muchos ejemplos están las vistas y sonidos potencialmente edificantes de nuestro entorno natural —una magnífica puesta del sol, un paisaje bajo la luz de la luna, una poderosa cascada, una vista del océano, una tempestad de lluvia en verano, un ave acuática en vuelo, el cielo estrellado—, cada uno puede equilibrarnos y sintonizarnos en un momento con el maravilloso poder del universo—.

Debido a que la mente, el cuerpo y el espíritu son interactivos por naturaleza, separar sus funciones en categorías discretas es una aguja muy difícil de enhebrar. Hasta ahora, el enfoque científico convencional para resolver este dilema ha sido simplemente reducir la ecuación a componentes mentales y físicos solamente. Según este enfoque, el comportamiento mental y físico puede ser observado o deducido, por lo tanto medido, cuantificado y estudiado científicamente. Por otra parte, el componente espiritual era visto en general como demasiado resbaladizo e ilusorio, no conducente a la investigación científica convencional. Cuando se consideraban, las variables espirituales usualmente eran subsumidas bajo la categoría de mentales o físicas.

Después de mucho tiempo, la ciencia convencional se ha acercado a reconocer la totalidad de la interacción mente, cuerpo y espíritu, y la importancia de cada componente y cómo interactúa con los otros. Sabemos que aislar u omitir cualquiera de estas tres variables modificaría artificialmente la ecuación y limitaría nuestra interpretación de la interacción. Además, esto excluiría cualquier esfuerzo para promover el equilibrio mental, físico y espiritual que es tan esencial para nuestro total crecimiento y autorrealización.

Este libro, aunque reconociendo las contribuciones de otras perspectivas, se enfoca en ese componente a menudo ignorado —el espiritual—, con énfasis en el papel del espíritu como el factor crítico en la interacción mente-cuerpo-espíritu. En un nivel individual, el espíritu humano es el que activa la mente y el cuerpo. En un nivel colectivo y más idealista, cada alma-ser, aunque conserva su identidad única, se une con todas las otras en amor absoluto para convertirse en la fuerza suprema perfecta, o como lo expresó Ralph Waldo Emerson, el "alma superior" que anima al universo y abraza la tierra en su seno.

Desde una perspectiva espiritual, todas nuestras experiencias de cada vida —pasadas, presentes y futuras— finalmente deben ser integradas en nuestra alma-ser para facilitar la evolución espiritual.

A través de ese proceso integrativo es que aprendemos las lecciones espirituales que podrían ser difíciles o imposibles de aprender en un estado desencarnado. Esa es la principal razón por la que estamos aquí —para aprender y crecer espiritualmente, mientras contribuimos en la evolución espiritual de otros—.

Cuando ligamos la conciencia y experiencia humanas exclusivamente al cerebro, se convierten en propiedad única del cuerpo físico. La conciencia, la percepción, el razonamiento, la memoria, la solución de problemas, las actitudes, las emociones, las creencias y otras funciones tienen base física y de este modo dependen de la supervivencia (y bienestar) del cuerpo físico. Tal perspectiva limitada no reconoce que las experiencias de la vida actual siempre están entretejidas en la tela de nuestro ser espiritual o no biológico donde se unen todas las experiencias de la existencia pasada como recursos de crecimiento permanentes. Juntas, se convierten en componentes interminables en el continuo despliegue espiritual.

Sabemos que las funciones mentales y físicas fallan, y el cuerpo finalmente se agota. Sólo lo espiritual es eterno. Dada la permanencia del espíritu y la naturaleza temporal del cuerpo, nuestra evolución espiritual podría requerir más de una vida, con cada vida brindando un nuevo cuerpo físico y una reencarnación dinámica del espíritu para tener por resultado posibilidades de crecimiento totalmente nuevas.

Pero, ¿cómo explicar la naturaleza temporal de lo físico versus la naturaleza permanente de lo espiritual? Como ya se dijo, sólo lo que no tiene comienzo es interminable. Todas las cosas físicas, incluyendo el cuerpo biológico, tienen un principio y por lo tanto un fin; todas las cosas espirituales, incluyendo el alma, no tienen principio y por lo tanto no tienen fin.

Pero la permanencia del espíritu puede ser explicada mejor desde una perspectiva que reconoce las estructuras biológicas y espirituales básicas dentro de las cuales todos existimos. Sabemos que, por naturaleza, cada uno tiene una composición genética llamada genotipo, que provee la estructura biológica única para nuestro crecimiento y desarrollo. Es temporal, y por lo tanto defectuosa; termina con el cuerpo físico en la muerte. Por consiguiente, cada nueva vida requiere un nuevo cuerpo con un nuevo genotipo como estructura física para el crecimiento y desarrollo en esa vida.

Paralelo a nuestro genotipo físico hay un genotipo espiritual que suministra la estructura espiritual para nuestro crecimiento y desarrollo. Mientras el genotipo físico asegura nuestra unicidad como seres biológicos temporales, el genotipo espiritual asegura nuestra unicidad como seres espirituales no temporales. Debido a que no es físico, nuestro genotipo espiritual es eterno —no tiene principio ni fin—. Es espiritual y sin defecto; permanece intacto de vida a vida; por lo tanto, asegura nuestra supervivencia perpetua como seres espirituales únicos. Dicho simplemente, el genotipo espiritual es la estructura perpetua dentro de la cual el alma evoluciona.

Desde esta perspectiva, el alma puede ser definida como esa única e inmortal fuerza vital sin la cual no existiríamos. El alma no es algo que poseo; es lo que soy eternamente. En lugar de un cuerpo físico con un alma, soy un alma con un cuerpo físico. Cada vida brinda nuevas oportunidades para interactuar como un alma con una nueva contraparte biológica y un nuevo entorno para maximizar los potenciales de crecimiento suministrados en esa vida.

De nuevo es importante recalcar que debido a que la estructura básica del alma es espiritual en lugar de física, cada alma por naturaleza es perfecta e indestructible. Las almas evolucionan, pero no pueden ser destruidas. Somos almas-seres de perfección dentro de una realidad eterna. Existimos como almas antes de la primera vida y existiremos como almas más allá de la última. En cada vida, existimos como un alma en una forma encarnada que activa el cuerpo físico. Existimos como un alma entre vidas en forma desencarnada, brindando así una continuación de la conciencia independiente de la fisiología. Sin embargo, el alma es más que un estado de la conciencia

—es un estado del ser espiritual caracterizado por el libre albedrío y el autodeterminismo—.

Aunque se sabe que genotipos biológicos idénticos ocurren en casos de nacimientos múltiples idénticos, no hay evidencia que sugiera la existencia de genotipos espirituales idénticos. Entre los miles de millones de almas, cada una es única, notoriamente distinta de las otras. Como almas, no tenemos copia al carbón. Aunque tengamos un "alma gemela" cerca con quien experimentar una afinidad, semejanza o conexión especial, las almas gemelas son entidades independientes, cada una con un genotipo espiritual diferente.

Aunque se han visto dramáticos adelantos en la clonación biológica en años recientes, actualmente no existe una triza de evidencia que sugiera incluso la más remota posibilidad de clonación espiritual. Además, mientras las mutaciones son comunes en la evolución biológica, no hay evidencia que sugiera un caso de mutación en la evolución de las almas.

Son interminables las posibilidades de diferencias en genotipos biológicos y espirituales entre individuos. Pero a diferencia de nuestra composición biológica que cambia de vida a vida, de nuevo hay que recalcar que el diseño espiritual básico de cada alma existe para siempre en forma inalterada; va de eternidad a eternidad. Ya sea antes de nuestra primera encarnación o más allá de la última, nuestro genotipo espiritual como alma es fijo. Es su huella dactilar espiritual permanente, distinta a la de cualquier otra alma; provee la estructura eterna dentro de la cual crecemos y nos desarrollamos como entidades de fuerza vital inmortales.

Desde nuestra existencia antes de la primera encarnación, que llamamos preexistencia, hasta el presente y más allá, nuestro potencial como almas vivientes para crecimiento y conocimiento no tiene límites. Aunque el genotipo del alma provee la estructura para el desarrollo espiritual, no prescribe límite alguno. Al igual que la extensión completa del alma, nuestro crecimiento como almas va de eternidad a eternidad, tiempo sin fin.

Nuestra existencia como almas es transuniversal. En el estado encarnado, el alma está unida con un cuerpo físico en un espacio o realidad física temporal que incluye el planeta tierra y el universo físico que conocemos. Es posible que nuestra evolución como almas haya incluido la encarnación en otra parte del universo, o en otro universo —posiblemente uno que ya no existe—. Como sabemos, todas las cosas físicas se acaban; incluso el universo conocido que algunos científicos creen que ya está en el proceso de extinción.

Aún cuando los universos vienen y se van, el alma es eterna —no depende de la existencia de la realidad física—. En el estado desencarnado, el alma existe en un entorno o espacio espiritual que no tiene límites. Debido a que los principios del tiempo lineal ya no se aplican, nuestra existencia en ese espacio es interminable e intemporal. Aunque algunas almas hayan tenido muchas vidas en la tierra mientras otras no hayan vivido en ella en lo absoluto, no hay diferencias de edad en el espacio espiritual —las almas no son jóvenes ni viejas—; son eternas.

En la palabra "alma" hay indicaciones de vitalidad, vida y, naturalmente, espíritu. El alma es la esencia misma de nuestra existencia como entidades espirituales conscientes y autotrascendentes —vivas, únicas e imperecederas—. Sin el alma, no existiríamos, pero como almas, estamos vivos por siempre. Como almas vivientes (en realidad, no hay almas muertas) nuestra existencia no depende de esta realidad temporal y física. Debido a que somos espirituales, salir de esta vida por medio de la muerte es sólo una transición, un cruce a un estado superior del ser. Dicho simplemente, el alma manifiesta la naturaleza preexistente e inmortal de nuestra existencia como seres espirituales conscientes.

Nuestra existencia como almas abarca una totalidad que es difícil de imaginar o comprender. Como ya se dijo, nuestra vida como entidades espirituales va de eternidad a eternidad. Mirando hacia atrás, soy de la eternidad; mirando hacia delante, soy para la eternidad. Debido a que soy eternidad en ambas direcciones, los conocidos y a veces confortantes límites de tiempo lineal, espacio y todas las cosas físicas simplemente no se aplican. Soy sin punto de comienzo ni punto de fin. Entonces, ¿cuál es el destino de las almas? Es la infinidad trascendente independiente del tiempo, espacio o cualquier otra realidad limitante.

Tal vez un poco sorprendente, hay varias referencias bíblicas que sugieren la preexistencia del alma como una entidad espiritual consciente. Un ejemplo notable es el mensaje de Dios a Jeremías: "Antes que te formase en el vientre te conocí, y antes que nacieses te santifiqué . . ." (Jeremías 1:5). Otro extracto habla de los hijos de Dios estando presentes cuando la tierra fue formada: "¿Sobre qué están fundadas sus bases, o quién colocó su piedra angular, cuando alababan todas las estrellas del alba, y se regocijaban todos los hijos de Dios?" (Job 38:6–7). El apóstol Pablo habla de Dios como "el que me escogió antes de que yo naciera" (Gálatas 1:15). Otro pasaje alude a un estado preexistente como sigue: ". . . según nos escogió en él antes de la fundación del mundo" (Efesios 1:4). En 2 Enoc 23:5 encontramos esta interesante observación: "Todas las almas están preparadas para la eternidad, antes de la composición de la tierra". El capítulo 32 también sugiere la preexistencia de Adán. Notará que en estas referencias el alma es aludida como la persona en lugar de algo poseído por la persona.

Además de las referencias bíblicas que sugieren la preexistencia, varios de los primeros escritores cristianos fueron conocidos defensores de la doctrina de la preexistencia de las almas. Orígenes, por ejemplo, dijo que la bondad eterna de Dios requería que dispersara dones a sus criaturas, y que siempre existieran criaturas racionales para este bien. El concepto de Orígenes también indicaba una preexistencia en la que las almas inmortales podían hacer elecciones.[1]

Las fuentes judías también hablan de la preexistencia como aparece en la siguiente oración de Salomón: "De niño fui por naturaleza bien dotado, y un alma buena cayó para ser mi suerte, o más bien, siendo bueno, entré en un cuerpo inmaculado (Apócrifo,

---

1. Bromiley, Geoffrey W. *Historical Theology.* Grand Rapids, MI: William B. Eerdmans Publishing Company, 1978, pág. 42–49.

Sabiduría de Salomón 8:19-20). Parece estar diciendo que su existencia no dependía de la encarnación, y que él, como alma preexistente, entró a un cuerpo impoluto. Según la ley judía, la "vida" humana empieza en el nacimiento; sin embargo, se cree que el alma
humana existe antes del nacimiento.

El judaísmo tradicional también cree que la existencia humana
continúa después de la muerte, una visión que tiene en cuenta la
reencarnación a través de muchas vidas, de acuerdo a algunos judíos ortodoxos. En apoyo de la vida después de la muerte, la Tora
habla de varias personas notables siendo "reunidas ante su pueblo".
Ejemplos son Abraham, Ismael, Isaac, Jacob, Moisés y Aarón.

Entre las interesantes visiones judías de la vida venidera está la
creencia de que el mundo es un "vestíbulo" en el que nos preparamos,
a través del estudio y las buenas acciones, para entrar a la "sala de banquetes". Sin embargo, el énfasis en esta metáfora radica en cómo vivir
la vida en el vestíbulo en lugar de cómo entrar a la sala de banquetes
del cielo. Trabajamos y estudiamos por un sentido del amor y el deber,
no para ser recompensados u obtener algo a cambio.

La creencia en la reencarnación como una manifestación recurrente de la preexistencia e inmortalidad es comúnmente abrigada
por muchos judíos de inclinación mística.[2] Una escuela de pensamiento sostiene que la resurrección no es un suceso de un momento,
sino un proceso continuo en el que las almas renacen para seguir
mejorando el mundo o completar un asunto no finalizado. Para
cada vida, los objetivos son esencialmente los mismos: hacer buenas
acciones y usar el conocimiento para el mayor bien. ¿Cómo podría
alguien discutir eso?

Muchas civilizaciones antiguas, incluyendo los griegos, roma-
nos y egipcios, aceptaban la teoría de la reencarnación.[3] Además,
las enseñanzas del hinduismo y el budismo incluyen la reencar-

2. Freedman, David Noel. *The Anchor Bible Dictionary, Vol. 6* New York: Doubleday, 1992,
     pág. 161.
3. Durant, Will. *The Life of Greece*. New York: Simon and Shuster, 1939, págs. 134–138.

nación como un fenómeno evolucionista que ocurre hasta que el espíritu alcanza el nirvana, la etapa final de evolución en el que el alma individual es liberada de la rueda de la vida para convertirse en parte de Dios.

Varios conceptos de reencarnación de origen budista fueron luego adoptados en la teosofía, un movimiento místico popular establecido en Nueva York en 1875.[4] Según este enfoque, la reencarnación es un proceso de evolución natural regido por la justicia divina llamada *karma*. A través de la reencarnación es que el alma avanza hacia Dios.

Edgar Cayce, "el profeta durmiente", incorporó varios conceptos teosóficos e hindúes en su teoría de la reencarnación que también incluía creencias cristianas ortodoxas.[5] Como almas, encarnamos en el plano terrenal para adquirir conocimiento y experiencia. Sin embargo, es la creación y liberación de karma lo que perpetúa la reencarnación. Para Cayce, el karma es simplemente una acción en una vida que crea un efecto cósmico en la siguiente encarnación. Estos efectos cósmicos pueden terminar en alegría o tristeza, éxito o fracaso, y por extensión, progreso o decadencia global, para mencionar sólo unas posibilidades. Las almas avanzan a su propio ritmo para liberarse del ciclo de encarnación que también es llamado "rueda de encarnación". En ese proceso, la fuerza determinante es el libre albedrío del alma. Con la sabiduría adquirida durante y entre las vidas llega el entendimiento, y con el entendimiento y la acción positiva, llega la liberación y trascendencia a reinos superiores.

Una visión popular de la reencarnación está basada en la premisa de que la energía de la fuerza vital, mientras pueda sufrir transformación y cambio, nunca se pierde. Según este enfoque, la conciencia e identidad personal existen en la forma estructural de la fuerza vital, y como tales, nunca son perdidas. Fenómenos tales como apariciones y eventos paranormales junto con comunicaciones profundamente

---

4. Wilson, Colin. *The Occult: A History*. New York: Random House, 1971, págs. 330–349.
5. Puryear, Herbert B. *The Edgar Cayce Primer*. New York: Bantam Books, 1982, págs. 18–27.

personales con los difuntos, podrían explicarse como la perseverancia de la energía de la fuerza vital en forma desencarnada. Según esta perspectiva, las manifestaciones de supervivencia son intencionales y edificantes; afirman la vida después de la muerte y la continuación de la conciencia e identidad personal.

Encontrar nuestro propio camino en el laberinto de conceptos acerca de la preexistencia, reencarnación y la vida venidera puede ser difícil y en ocasiones confuso. En mi caso, la búsqueda de entendimiento inició temprano en la vida con varias experiencias de la infancia que sugerían vidas pasadas.

Una de mis primeras experiencias giraba alrededor de dos factores aparentemente no relacionados: miedo al agua y un inexplicado interés en Francia. Esto comenzó en la clase de tercer grado, mientras se hablaba de la geografía europea, cuando una serie de imágenes coloridas empezó a formarse espontáneamente en mi mente. Aunque nunca había estado en Europa, de algún modo supe que las imágenes se relacionaban con Francia. Mientras seguían revelándose como una película, las imágenes se volvieron cada vez más específicas: un puerto con varios botes atracados a lo largo de la playa abandonada; una hilera de casas de piedra en el fondo, algunas de ellas de tres pisos y con balcones; y un niño jugando en la playa y tirando piedras al agua. Las imágenes permanecieron en mi mente durante todo el día.

Esa noche en un sueño, me convertí en el niño que había visto ese día jugando en la playa abandonada. Mientras tiraba piedras al agua, observé a la distancia una botella verde balanceándose. Aunque no podía nadar, caminé cautelosamente en el agua para coger la botella, quedando atrapado incontrolablemente en el peligroso fondo.

En seguida desperté, asustado por el sueño que tanto se asemejaba a mi experiencia en la clase. Aunque nunca había oído hablar de regresiones a vidas pasadas, supe que las experiencias de algún modo tenían que ver con una vida pasada en Francia, lo cual explicaba mi temprano interés en ese país. Aun más importante, en la noche me pregunté si mi actual miedo al agua podría relacionarse con mi muerte por ahogamiento en esa vida.

Días después, fui a nadar con mis hermanos por primera vez. Antes de zambullirme, supe que mi miedo al agua había desaparecido totalmente. El temor fue reemplazado por libertad y placer puro. Aunque una segunda fobia de la infancia, la de lugares cerrados, todavía debía ser resuelta, había descubierto de primera mano a muy corta edad el poder liberador del conocimiento de vidas pasadas. En ese tiempo no sabía que como psicólogo dedicaría gran parte de mi vida adulta al estudio de la reencarnación y el poder terapéutico del conocimiento de vidas pasadas.

Adicionalmente, una conocida psíquica que estaba conduciendo un seminario hace unos años en la Athens State University dio una interesante confirmación de la experiencia de regresión en mi infancia. Aunque ella no había recibido información concerniente a la experiencia, describió detalladamente mi vida pasada en el pequeño puerto francés de Bonyuls-ser-mer en el Mediterráneo. Agregó que mi vida en Francia había terminado de repente por ahogamiento.

Otras experiencias de la niñez me despertaron un mayor interés en la reencarnación. Entre las más profundas estuvieron los rituales generadores de lluvia conducidos por un nativo americano local durante sequías de verano que eran comunes en el Sur de Estados Unidos donde crecí. Durante estos "hechizos secos", como eran llamados, los granjeros del área, que incluían a mi padre, se reunían ocasionalmente para el ritual conducido por el llamado "hacedor de lluvia" que también era granjero.

Apenas puedo suponer qué edad tenía el hombre alto y musculoso con facciones halconadas, probablemente no más de cincuenta años. Para el ritual al aire libre, se paraba como una estatua sobre un otero cerca de su casa, rodeado por terreno llano y pardo. Con residentes locales formaba un círculo exterior, levantaba sus palmas ahuecadas, y después de emitir una serie corta de sonidos fuertes pero ininteligibles, lentamente unía sus manos, sosteniéndolas por un momento, y luego las tiraba hacia arriba con la velocidad y gracia de una paloma alzando el vuelo, como para enviar al espacio lo que había cogido en sus manos.

Con su cara más pálida que antes, concluía el ritual con una voz suave, no los tonos fuertes que habíamos oído antes, con la simple afirmación: "Ahora dejaremos que llueva".

Luego de unas horas, las nubes se reunían y las lluvias caían con la abundancia esperada. Según los granjeros del área, los rituales del hacedor de lluvia nunca dejaban de producir la muy necesitada lluvia.

Es interesante que durante los llamados "hechizos húmedos", cuando las lluvias caían en abundancia durante muchos días, el hacedor de lluvia, de pelo negro, constantemente se negaba a parar las precipitaciones, diciendo que "deshacer la lluvia iba en contra de la naturaleza". Hacerla, afirmaba con su voz metálica, era trabajar en armonía con la naturaleza, no contra ella.

Habiendo presenciado la asombrosa capacidad que tenía ese hombre para producir lluvia, yo y varios niños vecinos decidimos probar su habilidad para producir una nevada de invierno. Aunque la nieve era rara en nuestra región, él, con la aprobación de nuestros padres, consintió en hacer nieve. Con el grupo de niños reunidos en una tarde de invierno, desarrolló en el mismo otero un ritual similar al de generar lluvia pero con sonidos claramente distintos y un ritmo considerablemente más lento. Concluyó el corto ritual con las palabras: "Ahora dejaremos que nieve".

Esa noche, un frente frío del Norte se acercó, y como en un cuento de hadas se hizo realidad, empezó a nevar. La nieve continuó durante toda la noche y hasta el día siguiente, cubriendo la tierra cuatro pulgadas, y fue considerada la mayor nevada de la región. Sin embargo, el hacedor de lluvia nunca volvió a consentir en producir nieve. "Hacer nevar", insistía, "sería no pensar en los animales".

Cada vez que le pedían que explicara sus extraordinarias habilidades, el hacedor de lluvia sólo respondía, "son de otro tiempo y lugar". Años después, cuando lo vi por última vez, le pregunté en privado si sus poderes para generar lluvia eran de una vida pasada. Con arrugas en su cara que parecían demasiado marcadas para su edad, sonrió con complicidad, pero respondió exactamente como antes, "son de otro tiempo y lugar".

Entre mis otros recuerdos antiguos están las muchas hazañas extraordinarias de mi abuela, cuyas habilidades también incluían la increíble capacidad de influenciar las condiciones climáticas. Habiendo adquirido las habilidades "de atrás en el tiempo", no se negaba a usarlas cada vez que la situación "las requería", como ella lo decía.

Creciendo en un área poco poblada del Sur de Estados Unidos, a menudo iba en bicicleta a visitar mis abuelos quienes vivían a poca distancia. En una visita, vi a mi abuela romper una nube que se acercaba, del tipo conocido por generar tornados. Observé asombrado desde una ventana mientras esta enérgica mujer —vestida elegantemente de negro como era usual— salió apresuradamente de la casa, cogió un hacha, la levantó y con fuerza la estrelló en el suelo, todo en unos segundos. Luego, parada firmemente frente al hacha, que estaba clavada en ángulo en la tierra, se dirigió vigorosamente hacia la nube oscura con las manos hacia los lados, como para repelerla. Casi de inmediato, la nube se puso más turbulenta antes de dividirse verticalmente en dos secciones y luego esparcirse en pequeñas partes hasta dejar que el Sol brillara. La silueta de mi abuela parada firmemente frente a un hacha clavada en el suelo, con sus brazos extendidos hacia una nube amenazadora, permanece hasta hoy grabada indeleblemente en mi memoria.

En un incidente posterior igualmente inolvidable, presencié —o tal vez mejor, experimenté— lo que puede haber sido la capacidad de mi abuela para desafiar la gravedad. Después de su visita en una lluviosa tarde de viernes, mis dos hermanos y yo la acompañamos en su birlocho de regreso a su casa por el fin de semana, como solíamos hacerlo. Aunque mis abuelos tenían un automóvil, mi abuela prefería el birlocho para viajes locales, en parte porque había pertenecido a su madre, quien llegó a América desde Alemania a finales del siglo XIX. Pero no parecía tan apegada al birlocho como al magnífico caballo llamado Tess que tiraba de él.

Con mi abuela sentada frente a las riendas y nosotros tres en el asiento trasero, emprendimos en viaje de dos millas. Ya empezaba a oscurecer, y la fría lluvia de invierno, ahora cayendo fuertemente, hizo difícil el viaje en el terreno destapado.

Finalmente, con las luces de su casa colonial entre grandes robles a la vista en una colina distante, nos acercamos a un arroyo muy ancho crecido más allá de sus riberas, con el puente sumergido totalmente. Al parar el birlocho cerca de la orilla del turbulento arroyo, mi abuela se puso una capa negra y volteó hacia nosotros, con la cara más pálida que lo normal contra la oscuridad. Nos dijo que nos acostáramos en el piso del birlocho y nos cubriéramos de la cabeza a los pies con la gruesa manta de coche guardada debajo del asiento. Después de asegurarse de que nuestras cabezas estaban tapadas, agregó calmadamente, "ahora cierren los ojos y no se muevan".

Bajo la manta, sentimos que el birlocho se movió suavemente hacia arriba y luego hacia adelante en total silencio, como planeando en el aire. Pronto, el coche fue descargado con un suave rebote en el otro lado del arroyo. Cuando estábamos de nuevo sentados como antes, mi hermano menor dijo, "¡eso fue mejor que montar en una rueda de feria!"

Cuando finalmente llegamos, mi abuelo, alto y distinguido, nos recibió en la puerta y nos dirigió a la sala donde esperamos frente a la chimenea mientras él se ocupaba de Tess. Aunque había disponibles otras personas, mi abuelo siempre cuidaba al caballo personalmente. Más de una vez lo oí referirse a Tess como Priestess (Sacerdotisa), que supuse era su nombre formal.

Más tarde, cuando nos reunimos en el comedor para una cena a luz de vela, la conversación se dirigió a los sucesos del día, pero sin mencionar el arroyo crecido y nuestro increíble vuelo sobre él. Sin embargo, durante toda la cena no pude pensar en nada más. Por mi mente pasaron imágenes de Moisés separando el mar Rojo y Jesús caminando sobre el agua, pero palidecían en comparación de un coche tirado por un caballo siendo alzado y movido suavemente sobre un arroyo ancho y turbulento.

Mientras la noche pasaba, nos reunimos una vez más frente a la chimenea en la sala donde finalmente la conversación se dirigió al clima tempestuoso que acontecía. ¡Había estado esperando ese momento! Rápidamente sacamos a colación el arroyo crecido con su puente sumergido y le preguntamos a mi abuela cómo lo habíamos cruzado tan fácilmente. Con mi abuelo a su lado, ella respondió sin vacilación, "unas cosas las aprendemos en esta vida; otras cosas las aprendemos después de esta vida; y hay cosas que aprendemos antes de esta vida; en realidad, no importa cuándo o dónde las aprendemos, lo que cuenta es cómo las usamos". Mi abuelo dijo que sí con la cabeza. Luego dirigimos nuestra atención a las palomitas de maíz reventando sobre el fuego abierto.

En cama esa noche, con las luces apagadas y la casa en silencio, reflexioné sobre los sucesos del día y me pregunté qué había ocurrido realmente en el arroyo crecido. ¿Mi abuela había adquirido ese asombroso poder en una vida pasada o en la vida actual? ¿Podría haber algo mágico en el coche o la manta? —¡había oído hablar de una alfombra mágica, pero nunca de una manta mágica!—. Y luego hubo algo acerca de Tess. ¿Fue ese extraordinario caballo cómplice de mi abuela en la hazaña increíble? Mis abuelos a menudo nos recordaban que los animales son seres espirituales con dignidad y valor. Cada vez que mirábamos de cerca a los ojos de Tess, sentíamos una profunda espiritualidad. Si su nombre formal era en realidad Priestess, ¿podría ser Tess una sacerdotisa reencarnada con poderes mágicos? "¿Por qué no?", pensé. Me quedé dormido imaginando que tal vez algún día descubriría los secretos de ese poder tan increíble.

Muchos años después, mientras enseñaba en un curso de para- sicología, recordé el vuelo de mi abuela en el coche sobre el arroyo crecido. Durante una discusión sobre psicoquinesia (PK), un es- tudiante militar que había estado en Vietnam recordó haber visto niños vietnamitas jugando sobre los profundos canales interiores y literalmente correr sobre la superficie del agua para recoger una pelota u otro objeto flotante. Él agregó, "sé que parece increíble para la mayoría de las personas", para lo cual respondí, "para mí, no es increíble en lo absoluto".

Mis abuelos permanecieron activos y con una salud casi exce- lente hasta sus noventas —murieron con dos semanas de diferen- cia—. Sólo días después de su partida, Tess también partió para unirse con ellos. Mis abuelos creían firmemente en la existencia en la vida después de la muerte de los animales como seres espirituales. Recuerdo haber visto de vez en cuando a mi abuelo consolando ani- males moribundos como si los ayudara en su transición al otro lado. Él creía que la mejor forma de medir cuán avanzada era una cultura, radicaba en la naturaleza de su tratamiento de los animales.

Poco después de que mis abuelos y Tess partieran, la manta de coche —con sus bordes considerablemente deteriorados— fue en- contrada en un cajón bien doblada con una nota y mi nombre en ella. Hecha de lana hilada en casa, la hermosa manta con un fondo negro y dos grandes rosas rojas permanece en mi custodia como un recuerdo apreciado de las vidas mágicas que ellos juntos vivie- ron (ver figura 1).

Estas y otras experiencias tempranas en mi mundo pequeño y cómodo cuando era niño, colorearon mi visión de la vida y crearon la base para mi permanente interés en los fenómenos psíquicos, la reencarnación y posibilidades edificantes del conocimiento de vidas pasadas. Sugirieron muchas oportunidades maravillosas más allá de mi mundo conocido, además de un gran depósito interior de potenciales esperando ser explorado. Temprano en la vida me convencí de que no hay límites para las posibilidades cuando utilizamos los poderes interiores. En los capítulos siguientes, veremos las estrategias necesarias para hacer eso.

Figura 1. La manta de coche.

Resumen

Las almas evolucionan. El nacimiento y la muerte son transiciones de la vida en la interminable evolución de las almas. Ambos son pasajes que señalan un nuevo comienzo con nuevas posibilidades de crecimiento; desatan el pasado para habilitar nuestro tránsito en un nuevo viaje de la vida en una nueva dimensión. Cada vida brinda nuevas oportunidades de crecimiento en el mundo espiritual.

Todos los recursos edificantes de nuestro pasado permanecen por siempre con nosotros. En el nacimiento, traemos nuestro pasado a una nueva vida; en la muerte, lo llevamos a la vida venidera. Debido a que están integrados en el alma, los logros de cada vida están siempre con nosotros.

Suponer que la muerte del cuerpo físico elimina los logros de una vida, es irracional e incorrecto. Tal suposición contradice la naturaleza misma del alma como una fuerza vital dinámica e indestructible que siempre está evolucionando.

Sé tu propio palacio, o el mundo será tu cárcel.
—John Dunne, "To Sir Henry Wotton" (1633)

3

AUTOHIPNOSIS Y REGRESIÓN A VIDAS PASADAS

Posiblemente ninguna otra parte de nuestro ser es más crítica para el crecimiento y desarrollo personal que esa vasta región interior conocida como el subconsciente. Rico en conocimiento y potenciales subdesarrollados, nos reta a examinar sus profundidades y activar sus poderes latentes.

Sólo nosotros tenemos acceso total a nuestro subconsciente personal. Es nuestro mundo particular —un enorme depósito de todas nuestras experiencias personales no disponibles actualmente para el conocimiento consciente—. A través de los sueños, impresiones intuitivas, percepciones psíquicas y otros conductos, nos invita a la interacción con el mensaje simple y persistente: yo existo.

Aunque existe más allá del rango del conocimiento consciente normal, el subconsciente está entretejido en la misma tela de nuestro ser como un componente crítico de nuestra conciencia espiritual. Es vital para nuestra existencia, no como una acumulación de equipaje ajeno, sino como una mina de oro de posibilidades de conocimiento y crecimiento.

Así nos parezca extraño en principio, la sabiduría del subconsciente a menudo supera la del conocimiento consciente. En cada uno de nosotros, toda experiencia desconocida, desde nuestra pre-existencia hasta el presente, está almacenada en el subconsciente, esperando ser utilizada. Fuera de este enorme contenido, el subconsciente es una valiosa mina de conocimiento y crecimiento. Es un maestro, guía, consejero y facilitador de crecimiento avanzado. En su sabiduría, sabe que el nuevo crecimiento es mejor cuando requiere nuestros mayores esfuerzos, y que un nuevo conocimiento es más significativo cuando reta a nuestra participación activa. Examinando sus profundidades, descubrimos la maravilla y el poder del autodescubrimiento.

Durante muchos años, la hipnosis que requiere la ayuda de un hipnotista calificado ha sido una de las estrategias más populares para indagar el subconsciente y desatar sus potenciales. Usando ese método, el descubrimiento de experiencias de vidas pasadas almacenadas más allá del conocimiento consciente, se desarrolla bajo la dirección de un hipnotista que a menudo es llamado hipnoterapeuta de vidas pasadas. Todo lo que se requiere es un sujeto receptivo, un hipnotista calificado y, en la mayoría de los casos, un considerable pago por los servicios prestados.

En nuestras encuestas, la mayoría de los participantes que habían buscado ayuda para descubrir sus vidas pasadas, fueron a consultar hipnotistas (IT 31). Por lo general, los hipnotistas eran psicólogos, consejeros u otros profesionales con capacitación especializada en hipnosis. Ocasionalmente, eran psíquicos que entraban a un trance autoinducido durante el cual hacían lecturas de vidas pasadas a sus clientes. Sin embargo, en la mayoría de los casos, los hipnotistas inducían un estado de trance en los sujetos que luego eran regresados a sus vidas pasadas.

Para nuestra sorpresa, nuestros estudios encontraron que la gran mayoría de sujetos que habían consultado hipnotistas para la regresión a vidas pasadas, estaban insatisfechos con los resultados. Más de tres cuartos de ellos manifestaron fracaso al no entrar a un estado hipnótico adecuado para empezar, o al no experimentar una regresión satisfactoria una vez que estaban bajo hipnosis. Salieron de las sesiones de hipnosis con serias dudas acerca del valor de sus experiencias de regresión.

En el caso de los sujetos de nuestros estudios que consultaron psíquicos para hipnosis o lecturas de vidas pasadas, el descontento con la experiencia fue aun mayor. A menudo cuestionaban las capacidades y pretensiones de éxito del psíquico. Los que habían sido regresados por psíquicos o recibido lecturas de múltiples psíquicos eran particularmente escépticos debido a las grandes discrepancias y frecuentes contradicciones encontradas en los resultados.

Tan inquietantes como estas conclusiones, nuestras entrevistas con hipnotistas —incluyendo psicólogos, consejeros y psíquicos— encontraron que sus creencias personales influenciaban casi invariablemente los resultados de las sesiones (IT 33). Aunque sus creencias variaban enormemente, tenían la tendencia a orquestar sus sesiones, a menudo por medio de sugerencias sutiles, de modo que tales creencias fueran transmitidas a los sujetos hipnotizados. Este descubrimiento fue especialmente evidente en sesiones que involucraban el reino espiritual. Por ejemplo, los hipnotistas que veían la vida venidera como una situación muy estructurada con clasificaciones, foros, expertos, consejos y procedimientos fijos, invariablemente incorporaban sus propias ideas a las sesiones de regresión, contaminando así en gran medida los resultados. Nuestros estudios también descubrieron que los hipnotistas tendían a dar más atención a las experiencias desencarnadas de sus sujetos que eran consistentes con sus propios criterios, mientras las experiencias contradictorias eran en gran parte ignoradas y en algunos casos desmentidas o puestas en duda por el hipnotista.

Similarmente, los hipnotistas a menudo usaban procedimientos de regresión inflexibles que formaban las percepciones de los sujetos y los guiaban a experiencias consistentes con su propio marco de referencia. Por ejemplo, un hipnotista estructuraba para sus sujetos hipnotizados una situación de trasmundo en la que un "consejo superior de patriarcas" siempre evaluaba los desencarnados y les asignaba ciertas tareas para que las realizaran antes de ser reencarnados. Cuando le pregunté por esta parte de la regresión, respondió, "todos sabemos que después de cada vida debemos aparecer frente a un consejo superior que evalúa nuestra más reciente vida pasada y asigna ciertas tareas de acuerdo a ello. Estas tareas deben ser completadas antes de nuestra siguiente vida". Tales orientaciones evidentemente influenciarán los resultados de cualquier regresión.

La idea de todo esto no es desacreditar los hipnotistas profesionales y otros especialistas en vidas pasadas creíbles, sino desarrollar métodos más efectivos para examinar tales experiencias. Como he dicho, el subconsciente es nuestro mundo particular. El autodescubrimiento y crecimiento personal son los principales objetivos de la regresión a vidas pasadas. Descubriendo sus experiencias de vidas pasadas usted mismo, puede decidir cómo usarlas mejor. Ser dirigidos por otros o recibir la información por medio de otros en nuestro esfuerzo por descubrir las experiencias, tiene un valor mínimo en el mejor de los casos. Parece razonable que trasladar la responsabilidad de la regresión del especialista exterior al sujeto individual de la regresión, podría aumentar enormemente la relevancia y los frutos de la experiencia. El conocimiento de vidas pasadas a través del autodescubrimiento conduce invariablemente a formas de usarla para el mayor bien.

Autohipnosis y regresión a vidas pasadas

Dado el hecho de que nuestro mejor hipnotista personal existe dentro de nosotros mismos, el procedimiento de regresión hipnótica más efectivo lógicamente se enfocaría en ese especialista interior. Dos procedimientos autoadministrados se desarrollaron en nuestros laboratorios para activar a ese especialista. El primer procedimiento, una estrategia de autohipnosis conocida como EM/RC, incorpora el movimiento de los ojos (EM; eye movement) y cuenta regresiva (RC; reverse counting) en un procedimiento diseñado para inducir un estado hipnótico conducente a la regresión a vidas pasadas (IT 5). Este procedimiento acepta la premisa de que dentro de cada individuo hay no sólo un maestro hipnotista, sino un maestro, terapeuta, curador y psíquico, los cuales son receptivos a nuestras indagaciones. Nuestra tarea es hallar formas de entrar en contacto con esos poderes. EM/RC fue diseñado para enfrentar dicho reto.

El segundo procedimiento, conocido como Corredor de Vidas Pasadas (Corredor de vidas pasadas), fue desarrollado como una estrategia de autoregresión para usar en conjunto con el EM/RC (IT 3). El corredor de vidas pasadas, como veremos más adelante, contiene puertas que representan cada una de nuestras vidas pasadas además de nuestra preexistencia y la vida entre vidas. Cada puerta es una entrada a nuestro pasado. Cuando se usan juntos, el EM/RC y corredor de vidas pasadas, brindan los elementos esenciales para una exitosa hipnosis y regresión a la existencia pasada en su totalidad.

Aquí es importante señalar que en nuestro desarrollo y uso de estos procedimientos, en ningún momento fue hecho esfuerzo alguno para influenciar las creencias de nuestros sujetos de investigación, ni para variar de algún modo sus experiencias de regresión. Sus experiencias pasadas son únicas para usted. La prioridad en nuestros laboratorios fue desarrollar herramientas útiles para el autodescubrimiento de esas experiencias. Nuestra meta fue que, una vez dadas las herramientas, podrá explorar por sí mismo las experiencias de vidas pasadas que son relevantes para usted en el presente. Una vez dado ese conocimiento, podrá sacar sus propias conclusiones independientes de las opiniones e influencias ajenas.

En nuestras investigaciones, encontramos que al aplicar en conjunto el EM/RC y el corredor de vidas pasadas son la estrategia más eficaz conocida para recuperar experiencias relevantes de vidas pasadas. Aunque no tienen la parafernalia de otros métodos, estos procedimientos autoaplicados típicamente eliminan cualquier imagen de resistencia para la hipnosis o la regresión. Con el sujeto al mando del proceso de inducción y regresión, el grado de satisfacción de este método desarrollado en forma individual estaba en un nivel mucho mayor que el de cualquier otra estrategia de inducción o regresión. Igualmente, fueron muy altos los niveles de nuestros sujetos con respecto a la relevancia de sus experiencias de regresión.

Diseñado específicamente para inducir un estado hipnótico que facilite la regresión a vidas pasadas, el procedimiento EM/RC incorpora la regresión de edad hasta una experiencia de la primera infancia que luego se convierte en el trampolín para la regresión a vidas pasadas usando el corredor de vidas pasadas. Después, durante el trance, la misma experiencia de la niñez se convierte en el portal para el reingreso a nuestra vida actual. Es importante tener presente que somos los guardianes de ese portal, y podemos regresar a él en cualquier momento durante la experiencia de regresión.

El EM/RC y el corredor de vidas pasadas, al igual que todos los métodos presentados en este libro, son totalmente autoaplicados. Están basados en una simple premisa triple: primero, nos conocemos mejor que cualquiera; segundo, todas nuestras experiencias pasadas existen dentro de nosotros mismos como parte integral de nuestro ser; y tercero, somos nuestros mejor hipnotista y especialista en regresión a vidas pasadas. Todos los recursos que necesita están dentro de usted y ahora son disponibles.

Juntos, el EM/RC y el corredor de vidas pasadas nos ponen en contacto con esa parte más profunda y conocedora de nuestro ser y guían con seguridad nuestras indagaciones del pasado. Con la práctica, estos procedimientos nos habilitan para descubrir lo que necesitamos saber de nuestro pasado en el momento. Fuera de eso, pueden descubrir la relevancia del pasado para nuestro futuro. Ellos brindan un invaluable camino de autodescubrimiento con indicadores que nos guían a lo largo del proceso.

Nuestros estudios de vidas pasadas usando estos procedimientos sugirieron una y otra vez que existe una inteligencia superior, o me atrevo a decir —tal vez divina— que conoce todo lo que hay detrás de cada puerta (IT 8). Esa inteligencia puede iluminar una puerta particular en el corredor de vidas pasadas y dirigir nuestra atención a ella. Esa inteligencia sabe que de una determinada vida pasada una cierta experiencia puede tener relevancia crítica para nosotros en el momento actual de nuestra vida. Puede revelar ese segmento, o presentar una vida pasada en su totalidad. Pero lo mejor de todo, esa inteligencia superior está dentro de usted —es parte de su ser—. Señala el camino que debemos seguir, pero depende de nosotros emprender el viaje; ilumina una puerta de vidas pasadas, pero en nuestras manos está abrirla. Revela cuál vida pasada y cuál experiencia específica en esa vida tienen la mayor relevancia para nosotros en el momento actual.

Guiado por esa inteligencia superior e interior, usted puede experimentar por medio de estos procedimientos una visión de todas sus vidas pasadas, de las cuales puede escoger una en particular para explorarla, como espectador o participante activo. Una vez que haya elegido una vida en particular, puede experimentar un segmento corto pero relevante de ella, o moverse hacia atrás o adelante en esa vida para experimentarla en su totalidad. Al regresar al corredor después de una experiencia de una vida pasada en particular, puede, si decide hacerlo, abrir la puerta de vida intermedia al final del corredor a fin de descubrir experiencias de trasmundo relevantes para esa vida. Más adelante hablaremos de la vida intermedia además de las dimensiones preexistentes de nuestra existencia pasada.

Es importante tener presente que el corredor de vidas pasadas, con sus muchas puertas a una increíble riqueza de experiencias, en realidad está dentro de usted mismo. Con estos procedimientos, podrá abrir las puertas que escoja. Descubrirá que ningún aspecto de su pasado está fuera de su indagación. Estos procedimientos deben ser usados sólo en un ambiente cómodo, seguro y tranquilo, totalmente libre de distracciones. Nunca deberían ser utilizados bajo condiciones que requieran atención, tales como conducir u operar maquinaria. Antes de empezar es importante leer ambos procedimientos en su totalidad. Los encontrará fáciles de seguir, pero usualmente se requiere práctica para maximizar su eficacia. A continuación están los dos procedimientos que unidos toman aproximadamente una hora.

EM/RC y corredor de vidas pasadas

Paso 1. Preliminares del EM/RC

Empiece el procedimiento EM/RC sentándose en una posición cómoda y reclinada con las piernas separadas y las manos descansando a sus costados. Mientras se relaja, tome varias respiraciones, inhalando profundamente y exhalando lentamente. Desarrolle un patrón de respiración lento y rítmico mientras despeja de su mente todo pensamiento activo. Perciba su sensación de paz consigo mismo y el mundo.

En esta etapa inicial, permítase entrar en hipnosis y mientras está en el estado hipnótico, viaje a su pasado para recuperar lo que es relevante para usted en el momento. Afirme que estará en control total durante la experiencia de trance. También afirme que en cualquier momento puede salir de la hipnosis simplemente contando de uno a cinco.

Paso 2. Inducción al trance

Ahora está listo para iniciar el estado hipnótico usando una combinación de movimiento de ojos y cuenta regresiva. Dígase a sí mismo que al mover los ojos de lado a lado mientras cuenta hacia atrás desde diez, entrará en el estado de trance. También afirme que cada cuenta regresiva lo llevará cada vez más profundo hasta alcanzar un trance exitoso al llegar a uno.

Mientras sus ojos están abiertos, inicie el procedimiento moviéndolos lentamente hacia arriba y a la derecha sin voltear la cabeza a la cuenta de diez. Sostenga los ojos en esa posición superior derecha hasta que empiecen a cansarse. Luego muévalos lentamente hacia abajo y después hacia arriba a la izquierda a la cuenta de nueve, y sosténgalos en esa posición superior izquierda hasta que empiecen a cansarse. Mientras mueve sus ojos de lado a lado en cada cuenta, desarrolle un movimiento de vaivén, siempre sosteniendo los ojos en cada posición superior. Observará que cada vez se cansan más mientras continúa la combinación del movimiento rítmico y la cuenta regresiva. Al llegar a uno, cierre los ojos lentamente mientras los sostiene en la posición superior. Ya cerrados, permita que vuelvan a su posición normal. Con los ojos ahora cómodamente cerrados y los músculos circundantes relajados, lentamente déjese entrar en el estado hipnótico.

Paso 3. Profundizar el trance

Mientras sus ojos permanecen cerrados, profundice el estado hipnótico tomando unos momentos para visualizar una escena muy pacífica y luego relajándose progresivamente de la cabeza hacia abajo. Perciba primero la relajación alrededor de los ojos y después déjela pasar lentamente sobre su cara y luego en el cuello y los hombros. Luego permita que la relajación se extienda a los brazos y hasta las yemas de los dedos. Después perciba la relajación en el pecho y déjela pasar a su abdomen. Permita que la relajación se extienda lentamente hacia abajo, pasando por las caderas, muslos, la parte inferior de las piernas y finalmente a través de los dedos de los pies.

Mientras permanece cómodo y profundamente relajado, imagine de nuevo una escena muy pacífica —la que visualizó antes o una totalmente nueva—. Observe los agradables detalles de la imagen mental, y déjese absorber por la tranquilidad de la escena. Ahora está en completa paz consigo mismo y el mundo.

En este momento puede lograr un nivel de hipnosis aun más profundo, si decide hacerlo, concentrando toda su atención en el dedo meñique de una mano, percibiendo su peso, hormigueo, calor, etc., y luego reemplazando mentalmente estas sensaciones con entumecimiento. Mientras su dedo permanece entumecido, profundice cada vez más en la hipnosis. Cuando alcance el nivel de trance deseado, permita que la sensación regrese y luego mueva el dedo levemente como señal de su éxito. De nuevo, recuerde que está en total control del estado hipnótico.

(Nota: con la práctica, descubrirá que el procedimiento EM/RC es un método de inducción muy flexible que fácilmente puede ser adaptado a sus propias preferencias y necesidades. Algunos sujetos encuentran que el movimiento rítmico de los ojos, independiente de la cuenta regresiva, es suficiente para inducir el estado hipnótico. Casi todos encuentran que introducir indicaciones tales como "cada vez más relajado" y "cada vez más profundo" en ocasiones durante todo el procedimiento, facilita el proceso de inducción. Si entra a un estado hipnótico satisfactorio antes de completar el procedimiento EM/RC, simplemente proceda con la siguiente etapa: regresión a la infancia).

Paso 4. Regresión a la infancia

Una vez que haya alcanzado un nivel de trance exitoso, empiece su regresión a la infancia visualizando una situación de la niñez agradable en la que participó en una ocasión festiva —tal vez una fiesta de cumpleaños o la celebración de un día feriado—. Tome el tiempo suficiente para ser parte de la experiencia de la infancia y dese permiso de usarla como un trampolín para la regresión a vidas pasadas. Ahora está listo para comenzar la experiencia de regresión a vidas pasadas usando el procedimiento de corredor de vidas pasadas.

Paso 5. Preliminares del corredor de vidas pasadas

Mientras permanece en el estado hipnótico, permítase usar el trance como un vehículo para la regresión a vidas pasadas. Reafirme que experimentará sólo los eventos pasados que son relevantes y actualmente útiles para usted. Recuerde que en cualquier momento puede terminar el estado hipnótico y regresar seguro al presente con sólo contar de uno a cinco.

Afirme que estará protegido y seguro durante toda la experiencia de regresión. En este momento puede invitar a un guía espiritual personal para que lo acompañe en sus indagaciones de vidas pasadas.

Dígase a sí mismo que en la posterior hipnosis, recordará las experiencias de vidas pasadas que son importantes para usted en este momento. Afirme su capacidad para usar el conocimiento de vidas pasadas productivamente a fin de enriquecer su vida actual y promover su crecimiento futuro. Recuerde que permanecerá en total control a lo largo de la experiencia de regresión.

Paso 6. Entrar al corredor de vidas pasadas

Ahora está listo para entrar al corredor de vidas pasadas. Observe el corredor bien iluminado que se extiende a la distancia. Su corredor de vidas pasadas es único para usted —es distinto a cualquier otro corredor—. Puede ser de cualquier combinación de materiales, colores y formas. Por ejemplo, puede ser de piedra, mármol u oro. Los colores pueden oscilar entre los matices más llamativos y los más suaves.

A los lados del corredor observará puertas, una para cada una de sus vidas pasadas. Si su vida actual es la primera, no habrá puertas laterales. Pero si ha tenido muchas vidas, naturalmente habrá muchas puertas. Ellas, como el pasillo mismo, pueden ser de una variedad de materiales, tales como jade, ámbar o cristal. Sus formas también pueden variar, incluyendo la rectangular, redonda, acorazonada u ovalada, para listar sólo unas posibilidades.

Detrás de cada puerta está una vida pasada, con las puertas más cercanas a la entrada del corredor representando sus vidas más recientes, y las puertas a lo lejos representando las antiguas. Abriendo la puerta de su elección, podrá experimentar los sucesos de esa vida que tienen relevancia para usted en el momento.

En el extremo lejano del luminoso corredor, notará una puerta resplandeciente que representa su preexistencia. Si ha tenido una vida anterior, observará una segunda puerta brillante situada a la derecha de la puerta de la preexistencia; representa su vida entre vidas en el reino espiritual. Juntas, las dos puertas luminosas lado a lado brindan una entrada al reino espiritual como lo experimentó en la existencia pasada. Podrá a voluntad abrir la puerta para obtener la información que necesita concerniente a estas dimensiones importantes de su pasado. (En nuestros estudios, menos del tres por ciento de nuestros sujetos no experimentaron vidas anteriores al entrar al corredor de vidas pasadas. Para ellos, el corredor sólo incluía la puerta de la preexistencia).

Paso 7. Experimentar vidas pasadas

Al entrar al corredor, escoja la puerta que le atraiga en el momento. Casi siempre, es la puerta que primero nos llama la atención, o la puerta que sobresale como la más brillante entre las otras. Al acercarse a la puerta, podría decidir abrirla y ver desde la entrada la vida pasada que representa, o entrar y ser un participante activo en esa vida pasada.

Mientras experimenta la vida pasada que eligió, desde la puerta abierta como espectador o más allá de ella como participante activo, puede a voluntad mover su conciencia hacia adelante o hacia atrás para experimentarla con el alcance y detalle que prefiera. Para moverse hacia adelante, cuente 1, 2, 3; para moverse hacia atrás, cuente 3, 2, 1.

Una vez que esté completa la regresión a una vida pasada en particular, puede salir de esa vida con sólo regresar al corredor y cerrar la puerta. En este momento, tal vez quiera examinar otra vida pasada abriendo otra puerta de vida pasada. Para el recuerdo claro de la experiencia de regresión, es recomendable que no se experimenten más de dos vidas pasadas durante una sesión de regresión.

(Nota: aquí deberíamos observar que si desea explorar el trasmundo que siguió después de una vida pasada, puede abrir la puerta de vida entre vidas al final del corredor. Abrir esa puerta de trasmundo justo después de su regresión a una vida pasada, asegura que la vida que aparece es la que sigue inmediatamente después de esa vida. El siguiente capítulo examina en detalle la vida entre vidas además de la preexistencia y formas de experimentar estos importantes reinos de nuestro pasado).

Paso 8. Conclusión

Para salir del corredor de vidas pasadas, permítase retornar primero a la situación de infancia que experimentó antes, y desde ahí, al presente. Al regresar al presente y antes de salir del estado hipnótico, afirme primero que recordará exitosamente la experiencia de regresión con todo el detalle necesario, y que entenderá su relevancia total.

Para terminar el estado hipnótico, cuente lentamente de uno a cinco con sugestiones interpuestas para sentirse alerta y con bienestar. A la cuenta de cinco, abra los ojos y por unos momentos reflexione sobre la experiencia.

Muchos de nuestros sujetos descubrieron que al abrir una puerta en particular, la vida pasada que representaba se revelaba ante ellos como una película. Las experiencias más relevantes de esa vida a menudo aparecían brillantes, llamando la atención e invitando a la interacción.

Los sujetos que permanecen como espectadores durante su regresión, a menudo describen sus experiencias como tridimensionales en las que aspectos relevantes de su pasado fueron mostrados en colorido detalle. En estas dramatizaciones, los sujetos en regresión invariablemente se reconocieron a sí mismos, incluso cuando aparecieron con el otro género u otra raza.

En contraste con los espectadores, los participantes activos que "entraron" a su vida pasada la experimentaron de cerca, como si en realidad estuvieran ahí interactuando con su entorno exactamente como lo hicieron en esa vida pasada. Tanto los espectadores como los participantes fueron conscientes de su identidad y situación personal en la vida pasada, además de los marcos históricos y su localización geográfica.

El procedimiento EM/RC puede ser complementado cuando sea necesario con diversas técnicas de profundización del trance, o si lo prefiere, use un método de inducción totalmente distinto, tal vez uno que ya domina. Aunque el EM/RC es especialmente conducente a regresión a vidas pasadas, algunos sujetos prefieren estrategias alternativas, incluyendo la popular técnica de levitación de manos. En este procedimiento, la mano que descansa sobre el muslo derecho se eleva suavemente en su indicación de que toque la frente, induciendo de este modo el estado hipnótico. Un segundo procedimiento popular es la fijación de los ojos en un objeto fijo para facilitar la mirada hacia arriba y así incitar el estado hipnótico. Estas dos técnicas usan sugestiones de somnolencia junto con otras estrategias de profundización.

Sin reparar en las estrategias usadas, descubrirá que con la práctica mejorará su capacidad de entrar en hipnosis y regresar a las vidas pasadas. Dada la suficiente práctica y experiencia, usted podrá dominar exitosamente, al igual que muchos de nuestros sujetos, la más elevada forma de inducción al trance conocida —la capacidad de entrar en hipnosis por medio del propósito puro solamente—.

Aunque el EM/RC fue desarrollado en nuestros laboratorios como un procedimiento de autoinducción específicamente para uso en combinación con el corredor de vidas pasadas, puede ser adaptado fácilmente para otros usos, incluyendo aplicaciones tales como perder peso, eliminar hábitos indeseados, manejar el dolor, mejorar la memoria e incluso retrasar el envejecimiento.

Como con el EM/RC, puede modificar el procedimiento corredor de vidas pasadas para que cumpla con sus preferencias personales, o reemplazarlo con una estrategia de regresión totalmente distinta. Aunque el corredor de vidas pasadas ha demostrado una notable eficacia con sujetos de diferente formación y experiencia, tal vez usted prefiera un procedimiento alternativo, tal como la técnica de la pantalla en blanco (blank screen technique), que también se desarrolló en nuestros laboratorios. Esta técnica usa imágenes de una pantalla en blanco en la cual aparecen escenas relacionadas con sus vidas pasadas. Cuando aparece una escena, puede ver las imágenes que se revelan o entrar a la acción de la escena para experimentar los sucesos de la vida pasada de primera mano y en gran detalle. Desde ahí, puede "adelantar" contando 1, 2, 3, o "retroceder" contando 3, 2, 1 para experimentar una vida pasada en particular con mayor alcance y detalle.

Para maximizar la efectividad de sus experiencias de regresión, es importante llevar un diario detallado de cada sesión. Examine los apuntes del diario y tome su tiempo para reflexionar en ellos, teniendo presente que todas las experiencias, pasadas y presentes, son vividas con un propósito. Con el tiempo, descubrirá la relevancia de las experiencias de regresión para la situación de su vida actual.

Cualesquiera sean las estrategias que escoja para inducir el estado hipnótico y experimentar su existencia pasada, no se apresure —tome mucho tiempo para disfrutar la regresión y descubrir su relevancia—. De nuevo, es importante recalcar que el mejor especialista —para hipnosis o regresión a vidas pasadas— existe dentro de nosotros mismos. Después de todo, nos conocemos mejor que cualquier otro, y todas las experiencias de vidas pasadas permanecen como una parte crítica de nuestra historia de crecimiento. Adquiriendo las capacidades para reconectarse con ellas, podrá descubrir por sí mismo todo lo que necesita saber acerca de su pasado y su relevancia para usted en el momento actual de su vida.

Diario de vidas pasadas

Llevar un detallado diario de vidas pasadas de cada sesión de regresión es importante por varias razones. Primero, permite una reexaminación y de este modo sirve para la retención de la experiencia de regresión. Segundo, promueve el conocimiento y descubrimiento de la relevancia subyacente de la experiencia. Tercero, suministra un registro escrito de vidas pasadas que luego puede investigar y posiblemente verificar.

Al llevar un diario de vidas pasadas, deje para cada apunte suficiente espacio a fin de registrar las impresiones y descubrimientos siguientes.

Los siguientes son apuntes de diario de vidas pasadas de tres sujetos que usaron el EM/RC y el corredor de vidas pasadas para explorar sus vidas pasadas. Los apuntes, como verá, incluyen un apunte posterior.

Sujeto 1: Ejecutiva de banco de 32 años
Apunte del diario:

Esta fue mi primera experiencia con el método de inducción EM/RC, y en realidad me sorprendí de lo receptiva que estuve a él. Al completar los movimientos de ojos lado a lado, supe que me encontraba en estado hipnótico. Pero sólo para estar segura, hice la prueba de anestesia del dedo. Mi dedo meñique quedó tan entumecido que no podía moverlo. Restablecí la sensación y me pareció entrar aun más profundamente en hipnosis, aunque sabía que yo todavía tenía pleno control.

Luego regresé a una experiencia de la primera infancia en la que estaba ayudando a mi madre a adornar un pastel. Usaba dulce para contornear una figura de nieve, y luego llené la figura con trozos más pequeños de dulce. Después dirigí mi atención atrás en el tiempo en el corredor de vidas pasadas.

Vi un corredor muy largo con muchas puertas a cada lado. Sobre él había un techo de cristal claro que revelaba un brillante cielo estrellado. Mirando el corredor que estaba lleno de luz clara y suave, quedé asombrada de las muchas puertas de diversos colores, materiales y formas. Al principio llamó mi atención una puerta lejana cerca del final del corredor. Una puerta cristalina reluciendo e irradiando luz en todas las direcciones, sobresalía entre las otras puertas, pero por alguna razón yo dudaba en entrar.

De repente, una puerta más cercana llamó mi atención. Mientras la miraba, un halo de colores irisados brillantes empezó a formarse alrededor de ella. Aunque estaba rodeada de brillantez, la puerta en sí era de madera labrada a mano con una rosa delicadamente esculpida en ella. Evocaba tanta curiosidad, que me sentí compelida a abrirla.

Cuando toqué la rústica puerta, se abrió de golpe para revelar una escena en la que yo estaba rodeada por una multitud alborotada de personas, algunas de ellas riendo bulliciosamente y otras gritando obscenidades. Aunque insegura de lo que estaba pasando, me sentí compelida a cruzar la puerta. Una vez adentro, ya no fui más una observadora objetiva, sino el blanco de la muchedumbre alborotada. Fui atada y luego golpeada, cortada y apuñalada con cuchillos, y apedreada. Después de lo que parecieron horas de agudísimo dolor, fui tirada a una estructura empapada de sangre donde sabía que estaba a punto de ser decapitada. Un espectador vociferaba dirigiéndose a mí como Dorotea y burlonamente pedía que le mandara rosas y manzanas del paraíso.

En ese momento, los sucesos se volvieron tan dolorosos, que parecía que me desprendía de mi cuerpo. Pasé al corredor y presencié desde la puerta mi propia ejecución.

Finalmente, regresé a mi vida actual, primero como una niña adornando un pastel, y desde ahí, al presente.

Apunte posterior:

Dada la naturaleza de la experiencia de regresión, quedé sorprendida de la aceptación de paz y tranquilidad que sentí al abrir mis ojos. La experiencia fue tan profunda, que supe que tenía relevancia actual. De inmediato la relacioné con ciertos hechos: tengo una hija llamada Dorothea, la rosa es mi flor favorita y me encantan las manzanas —incluso las cultivo—. Pero más allá de esto, quedé convencida de que mi experiencia tenía una importante relevancia práctica.

Ya sabía que el nombre Dorothea era un término griego para "don de Dios", pero no sabía que ella era una mártir cristiana que fue torturada y decapitada en la persecución sangrienta del emperador romano Diocleciano, a comienzos del siglo III de nuestra era. Sin embargo, mi investigación me condujo a otro descubrimiento interesante: un espectador burlón, cuyo nombre era Teófilo, efectivamente le dijo a la moribunda Dorothea que le enviara rosas y manzanas del paraíso. Milagrosamente, al parecer su petición fue cumplida —pronto recibió misteriosamente un obsequio de rosas y manzanas—. Teófilo fue convertido por el milagro, sólo para tener el mismo destino de Dorothea —después fue torturado y decapitado a causa de su religión—.

Antes de mi experiencia de regresión, había sentido temor de las grandes multitudes durante toda mi vida. Incluso siendo niña, siempre me sentí incómoda alrededor de la gente, y como adulta, evitaba las grandes reuniones públicas lo más posible, básicamente por la preocupación de que algo pasaría. Después de mi experiencia de regresión, supe que mi temor de toda la vida frente a las multitudes se relacionaba con mi ejecución pública en una vida pasada. Con ese nuevo conocimiento, decidí asistir a varias reuniones públicas grandes y descubrí, para alivio mío, que me sentí cómoda, relajada y totalmente liberada del miedo a la muchedumbre.

¿Fui Dorothea en una vida pasada, y era el temor a las multitudes una reacción a mi ejecución pública en esa vida? En realidad no importa mucho, pero haya sido o no Dorothea, la regresión a vidas pasadas fue una de las experiencias más edificantes de mi vida.

(Nota: la fiesta de Santa Dorotea es celebrada el 6 de febrero por la iglesia católica romana).

El diario de esta persona refleja la importancia de la investigación posterior que a menudo desentraña la relevancia de la experiencia de vida pasada. Para este sujeto, aumentó los efectos terapéuticos y edificantes de la experiencia.

En una sesión de regresión posterior, ella decidió volver a la puerta que tenía la rosa esculpida. La puerta era la misma, pero las experiencias detrás de ella marcadamente distintas. Experimentó, en lugar de su muerte, segmentos de una infancia feliz en la que se le enseñó la importancia de la honestidad y la consideración por los demás. Como ejecutiva de banco, esos valores tenían una relevancia especial para ella.

Sujeto 2: Ingeniero mecánico de 28 años
Apunte del diario:

Siempre me he preguntado si en realidad tuve vidas pasadas, pero de algún modo no me dejaba ser hipnotizado, mucho menos regresado a mi pasado desconocido. Para mí, eso era atemorizante —¡como caminar por un camino desconocido con muchos riesgos en la oscuridad total!—. Pero cuando me enteré del estudio de autoregresión del doctor Slate, me ofrecí de voluntario para ensayarlo, pues parecía tener todas las garantías. Permanecería en total control, no iría más profundo de lo deseado, escogería las vidas pasadas que quería experimentar y podría salir del estado hipnótico en el momento que decidiera hacerlo. ¿Quién podría pedir más? No parecía haber nada que perder y tal vez había algo importante que ganar; así que decidí intentarlo.

No tuve dificultad para entrar en el estado hipnótico. Como se me dijo, inicié la maniobra del movimiento de los ojos/cuenta regresiva a la cuenta de diez. Cuando llegué a uno y cerré los ojos, supe que estaba en hipnosis profunda. No vi la necesidad de usar la prueba del dedo entumecido. De inmediato y con gran facilidad regresé al primer grado donde estaba formando una figura con arcilla.

Con cierta aprensión, salí del primer grado sabiendo que estaba a punto de entrar a una vida pasada. Aunque era consciente de que estaba en hipnosis profunda, tuve dificultad con la técnica del corredor de vidas pasadas. Siempre me he sentido incómodo en lugares cerrados; la idea de entrar a un corredor era muy amenazante, y pensar que entraría a una pequeña habitación era aun más intimidante. Finalmente resolví este problema visualizando un corredor bastante alto y ancho con puertas muy grandes y mucho espacio entre ellas. El corredor era tan largo, que no pude ver las puertas en el final del mismo, aunque sabía que estaban ahí.

Cuando entré al corredor, me sentí totalmente tranquilo. Sabía que había algo para aprender ahí. Pasé junto a varias puertas y finalmente di con una puerta de acero que de algún modo me intrigó. Observé que por alguna razón desconocida estaba usando guantes de malla metálica, y cuando extendí la mano para tocar la puerta, mi guante se pegó a ella como un imán. Fue casi como si esperara que esto sucediera. Aunque en la vida actual soy ingeniero, estoy fascinado con la posibilidad de la curación magnética y he examinado algunas investigaciones relacionadas con el tema.

Le di un leve empujón a la puerta, con lo cual se abrió y liberó mi mano. Adentro vi un laboratorio con una silla vacía junto a una mesa muy larga. Entré al laboratorio como si fuera mío, y tan pronto como me senté en la silla, supe mi identidad. En ese momento, me convertí en William Gilbert. Frente a mí había imanes globulares con agujas magnéticas sobre ellos apuntando hacia los polos. Supe que yo era un físico que creía que la tierra era un imán gigante con polos magnéticos. También supe que era médico de la reina Isabel I, y que la vería esa misma tarde por irregularidades en los ciclos menstruales de su cuerpo.

Cuando decidí salir de la habitación, sabía que estaba dejando atrás mi propia vida pasada. Miré alrededor a fin de encontrar algo para llevar de regreso conmigo como prueba de que visité mi laboratorio. Luego me di cuenta de que no era posible regresar del pasado algo tangible. ¿O era posible? Empecé a buscar otra evidencia que pudiera usar como prueba. Finalmente, me quité los guantes y sobre mi mano izquierda vi una pequeña mancha roja en forma de pera que reconocí como marca de nacimiento. Pensé, "esta es la evidencia que necesito".

Dejando atrás los guantes, salí de la habitación, cerré la puerta y dejé el túnel. Deteniéndome brevemente junto al salón de primer grado y dándole un toque final a la figura, regresé al presente y salí de la hipnosis con facilidad.

De inmediato examiné el dorso de mi mano izquierda y, como esperaba, no hallé ninguna marca de nacimiento.

Apunte posterior:

Mi investigación de William Gilbert confirmó muchos de los detalles de mi experiencia de regresión. Él era un físico cuyo principal descubrimiento fue que la tierra es un imán gigante con polos magnéticos. También fue médico de la reina Isabel I, quien experimentaba irregularidades en sus ciclos menstruales. Pero no pude confirmar un detalle: hasta hoy no he encontrado ninguna referencia de la marca de nacimiento roja en forma de pera en su mano izquierda. Todavía estoy buscando; ojalá algún día descubra esta pequeña evidencia.

Esta experiencia de regresión es importante para mí por varias razones. Primero, demostró para mi satisfacción que no sólo he tenido una sino muchas vidas —había al menos diez puertas a cada lado del corredor de vidas pasadas—. Espero con ilusión abrir cada una de ellas. Segundo, la experiencia me convenció de mi capacidad para regresarme y descubrir por mí mismo lo que necesito saber acerca de mis vidas pasadas. Finalmente, la experiencia explicó, al menos hasta cierto punto, mi interés por la curación magnética, un tema que actualmente estoy investigando.

Todavía me siento un poco incómodo en lugares cerrados. Sospecho que la fuente de esto es otra vida pasada que espero descubrir más adelante.

No todas las experiencias de regresión involucran logros de personas eminentes; en realidad, la mayoría no son así. Sin embargo, cada experiencia de regresión es relevante de algún modo. Después de todo, las experiencias de vidas pasadas son parte de nuestro crecimiento anterior y aparecen durante la regresión para un propósito.

Sujeto 3: Profesor universitario de 32 años
Apunte del diario:

Soy escéptico. En general siempre he considerado como disparates la percepción extrasensorial, la proyección astral, la psicoquinesia, las visiones remotas y especialmente los fantasmas. He tenido una o dos experiencias de déjà vu, pero las expliqué con una base fisiológica, no psíquica. El aura humana, en mi opinión, es sólo un fenómeno visual. Mis pocas experiencias de la llamada percepción extrasensorial las he atribuido a la casualidad o imaginación. Nunca he visto un fantasma, y aún no creo que existan.

Pero siempre me ha intrigado la posibilidad de la reencarnación. Sin embargo, cuando decidí tener una regresión a vidas pasadas, esperaba experimentar algo irrelevante o nada en particular. Pero lo que más me llamó la atención fue la posibilidad de poder experimentar la hipnosis sin la ayuda de un "experto". Aunque había visto la hipnosis demostrada por mi instructor en un salón de la universidad, no estaba convencido de que el fenómeno realmente existiera como un estado alterado válido. Después de todo, los estudiantes que necesitan complacer al instructor podrían fingir la hipnosis y tal vez recibir un mérito adicional por ser un "buen sujeto voluntario". Soy un poco renuente a reconocerlo, pero una vez fui voluntario. Desafortunadamente, mi total fracaso al responder creo que molestó al profesor y desterró toda posibilidad de una consideración especial.

Cuando decidí intentar la autohipnosis, en realidad no esperaba resultados creíbles, pero la idea de autoregresión a una vida pasada me intrigaba. No estaría dependiendo de un hipnotista en el que puedo o no confiar, y ciertamente no tenía nada que perder intentando algo nuevo. Aunque aún soy escéptico, creo que estar abierto a nuevas experiencias es importante, incluso cuando los beneficios prometidos parecen improbables.

Cuando empecé el procedimiento EM/RC, mi impresión inmediata fue, "esto no funcionará para mí". Tuve un mal comienzo moviendo mis ojos a la izquierda a la cuenta de diez en lugar de a la derecha. Luego pensé, "eso no importa". En realidad, no importaba, porque a la cuenta de cinco mis ojos ya estaban muy cansados, y al llegar a uno apenas podía moverlos.

Al cerrar los ojos, me sentí extrañamente aliviado —supe que por primera vez estaba bajo el efecto de la hipnosis—. Luego regresé a una experiencia de mi primera infancia jugando con mi pequeño hermano en una playa. Para mi sorpresa, fue como si en realidad estuviera ahí. Incluso sentí la brisa del mar sobre mi cuerpo y la cálida arena bajo mis pies. Volteando a mi izquierda, vi un acantilado cercano con un gran arrecife sobre la playa. Debajo del arrecife había una abertura que conducía a lo profundo del acantilado. Pensé: "puedo usar esto como mi corredor de vidas pasadas".

El acantilado con su abertura proveía una transición fácil de la experiencia de la infancia en la playa al corredor de vidas pasadas. Entré a la abertura esperando sólo oscuridad, pero me encontré con una iluminación multicolor moviéndose alrededor y recordándome la aurora boreal. Haciendo una pausa en la entrada, estaba maravillado de la indescriptible belleza del lugar. El piso parecía ser de mármol pulido y las paredes de marfil. El largo corredor tenía muchas puertas, las cuales estaban intrincadamente esculpidas pero no había dos exactamente iguales. El corredor parecía finalmente curvarse a la derecha para que yo pudiera verlo sólo en parte. Me pregunté cuál podría ser el significado de un corredor sinuoso. ¿Podría significar que mi pasado carecía de enfoque o que yo tenía poco sentido de dirección? ¿O que era creativo o sobresalía entre la multitud? Luego pensé, "¡deja de especular y abre la puerta!"

Con un poco de impetuosidad, giré hacia la primera puerta a mi derecha —una puerta de color rojo vivo, arqueada y con una ventana redonda como una portilla—. Abrí la puerta —un poco cauteloso, lo reconozco— sólo para descubrir que la habitación estaba vacía —no había muebles, cortinas, mesas, sillas, ni siquiera una fuente de electricidad—. Las paredes no tenían nada y no había ventanas. ¡Todo —paredes, techo, piso— era blanco! Decidí entrar a la habitación, y una vez adentro, me sentí vacío, como la habitación misma.

Me pregunté, "¿qué se puede aprender de sentirse vacío en una habitación vacía?". Luego se me ocurrió —¡tal vez borré inadvertidamente una vida pasada!—. ¿Es eso posible?, pensé, y si es así, ¿cómo? ¿Podría una vida pasada vacía estar de algún modo relacionada con mi escepticismo? ¿O quizás yo estaba en negación de una vida pasada? ¿Era tan horrible que no podía experimentarla de nuevo? ¿Tal vez estaba siendo protegido de una indecible atrocidad pasada?

Esperé que algo se revelara; pero nada sucedió. Pronto empecé a preguntarme si las otras habitaciones en el corredor estaban vacías, pero sabía que no podía abrir otra, al menos no en este viaje.

Con estos pensamientos persistentes en mi mente, salí de la habitación y cerré la puerta. Desde el corredor, regresé a la playa para jugar de nuevo con mi hermano brevemente, y desde ahí, retorné al presente.

Apunte posterior:

Durante un tiempo después de la experiencia de regresión, me sentí vacío, o más bien decepcionado o de algún modo engañado —como si hubiera abierto un regalo sin encontrar nada adentro—. Todavía estoy inseguro acerca de esta experiencia y su significado. Todo el episodio fue tan convincente que, lo reconozco, debe tener alguna relevancia. ¿Sustituir la cueva por el corredor tuvo algo que ver con ello? ¿Tal vez experimenté otra dimensión de la realidad totalmente distinta? Por otra parte, ¿podrían ciertos aspectos de mi pasado estar más allá de mi capacidad actual para experimentarlos? ¿Podría la experiencia de regresión haber sido un segmento en particular de una vida pasada, tal como en un tiempo de gran pérdida? ¿Podría la habitación vacía representar la etapa prenatal de mi desarrollo, o tal vez una vida pasada que terminó prenatalmente?

Finalmente, concluí que ciertas partes de mi pasado deben, al menos por ahora, permanecer desconocidas para mí. Con el tiempo visitaré de nuevo el corredor. Incluso podría abrir otra vez la puerta roja con la ventana redonda, esperando que su importancia sea revelada.

Este sujeto efectivamente visitó de nuevo la puerta roja con su ventana redonda, además de otras puertas en su corredor de vidas pasadas personal. Es interesante observar que la habitación de la puerta roja seguía vacía, pero las otras puertas, según el profesor, estuvieron abiertas a una variedad de experiencias de vidas pasadas. En una de esas vidas, él fue un gran atleta, pero en otra, fue quemado en la hoguera durante la Inquisición en España.

Vidas pasadas recientes

Como se dijo antes, nuestras vidas pasadas más recientes a menudo parecen estar más relacionadas con la vida actual. Para examinar más esa relación, organizamos un estudio en el que treinta sujetos voluntarios usaron los procedimientos EM/RC y corredor de vidas pasadas para regresar a su vida pasada más reciente representada por la puerta más cercana a la entrada del corredor (IT8). Cuando comparamos las descripciones de sus experiencias de regresión, surgió un patrón muy interesante. Con sólo unas excepciones, cada participante de nuestro estudio experimentó vidas pasadas con efectos residuales que parecían contribuir fuertemente a sus actuales actitudes, creencias y metas en la vida. Los siguientes son algunos ejemplos:

- Antes de su regresión, un corredor de bolsa de 27 años expresó que la guerra es muy a menudo vista como una solución viable para los problemas mundiales. "No hay guerra 'buena'", dijo. "Hemos glorificado la guerra y nos hemos insensibilizado ante sus horrores. Los viejos hacen la guerra y los jóvenes mueren en ella". Durante la regresión a vidas pasadas, experimenté una vida reciente en la que fui torturado y ejecutado a los 19 años de edad como prisionero en la guerra de Vietnam.

- Una exitosa empresaria descubrió que, en su vida pasada más reciente, era un hombre que viajaba hacia el Oeste en un coche con su familia para iniciar una nueva vida. Desafortunadamente, su esposa murió en el camino durante el parto. Finalmente, él y sus cuatro hijos llegaron a California donde inició un negocio de ferretería y amasó una pequeña fortuna. Aquí está su descripción de la vida actual: "Creo en mi capacidad para tener éxito. A pesar de muchas barreras y contratiempos, ya he logrado un gran número de mis objetivos en la vida por medio de una firme resolución. Nada puede detenerme cuando me decido".

- Una mujer joven que había saltado a la muerte con su enamorado en su vida pasada más reciente, reaccionaba a la tragedia aislándose para no enamorarse en la vida actual, o como ella lo dijo, "enredarse en el amor". Efectivamente se alejó de los hombres comprometiéndose con su profesión. Como dueña de un gimnasio para mujeres, a menudo trabajaba hasta dieciocho horas diarias. Ella agregó: "El trabajo es mi vida —no me deja tiempo para algo más"—.

- Una escritora de libros para niños descubrió una vida pasada reciente que le explicó su temor combinado por las multitudes y los puentes. Mientras cruzaba un puente para escapar de una erupción volcánica, fue arrollada por la muchedumbre y pisoteada hasta morir.

- Un conservador de museo de 36 años experimentó una vida pasada en la que era un cavernícola. En esa vida, que él creía que era su única vida pasada, se resistía a matar animales, prefiriendo permanecer en la caverna donde sus dibujos en la pared de la misma mostraban aspectos de la vida en su cultura primitiva. Actualmente es vegetariano, activista por los derechos de los animales y coleccionista de arte primitivo.

- Un detective de 42 años experimentó una vida pasada en la que era un asesino en serie. En esa vida, que consideraba la más reciente, dejó una estela de muerte en varios estados antes de refugiarse en una cabaña donde finalmente fue muerto por la policía. Su actual carrera y compromiso con la fuerza de la ley, concluyó él, son esfuerzos para expiar la culpabilidad residual y deshacer los males asociados con su vida pasada más reciente.

- Un bombero, al regresar a su vida pasada más reciente, descubrió que era un pirómano que inició numerosos incendios antes de convertirse en víctima de su propio delito. Atrapado en un edificio abandonado después de iniciar las llamas, saltó a su muerte desde el octavo piso. Su profesión actual en la que combate incendios, concluyó, es un esfuerzo por deshacer los males de su vida pasada más reciente. Su miedo a las alturas podría explicarse como los efectos residuales de su pánico y el salto a la muerte en esa vida. Como se dijo antes, muchas de nuestras fobias, obsesiones y compulsiones están asociadas con experiencias de vidas pasadas recientes. Casi siempre se solucionan con el conocimiento de sus orígenes en vidas pasadas, como fue el caso de este bombero.

- Un estudiante de medicina de 19 años creía ser un vampiro y de hecho reconoció haber pertenecido a un culto de vampiros y tomar periódicamente frascos pequeños de sangre. Experimentó durante la regresión una vida pasada en la que era un médico que practicaba la flebotomía. Con ese conocimiento, dejó atrás sus prácticas vampirísticas.

- Un ministro de 30 años, cuyo trabajo incluía un ministerio en la cárcel, describió el mundo como "esencialmente injusto" y "básicamente sin justicia". Según él, "muchos inocentes van a prisión, y muchos culpables no. Hay personas inocentes en la fila de la muerte ahora, y algunas de ellas probablemente serán ejecutadas". Durante la regresión, experimentó una vida pasada en la que era un preso mantenido en confinamiento solitario antes de ser ejecutado por un crimen que no cometió.

Nuestras experiencias de vidas pasadas pueden ser tan intensas, que el conocimiento de ellas no sólo modifica nuestras percepciones, sino que produce cambios profundos en nuestro comportamiento. Si en realidad somos la totalidad de nuestras experiencias pasadas, de las cuales la mayoría permanece fuera del conocimiento consciente, parecería razonable que muchas experiencias potencialmente edificantes estén entre ellas. Descubrirlas y activar sus poderes, podría literalmente cambiar la dirección de nuestra vida. Concebiblemente, podrían brindar soluciones a problemas apremiantes, y explicar comportamientos que de otra manera nos confundirían. En un nivel profundamente personal, mi descubrimiento de una experiencia de vida pasada muy intensa hizo justo eso. A continuación relato lo que sucedió.

Todo comenzó en mi oficina en la Athens State University, en una tarde de invierno muy fría y lluviosa, durante una discusión con varios de mis colegas que estaban ayudando con un proyecto de investigación que yo dirigía en ese tiempo para el U.S. Army. Estábamos tomando té de sasafrás, una de mis bebidas preferidas, cuando empecé a experimentar una serie de impresiones de déjà vu muy sutiles, que en principio asocié con recuerdos de la infancia en los que arrancaba raíces de sasafrás y mi madre hacía té con ellas en un viejo fogón de madera. Pero cuando las impresiones persistieron y, en realidad, se hicieron más fuertes, comencé a sospechar que estaban relacionadas con vidas pasadas.

Dejando a mis colegas para que discutieran entre ellos el proyecto de investigación, me retiré a mi oficina para acomodarme en mi cómodo sofá. Usando los procedimientos EM/RC y corredor de vidas pasadas desarrollados por el estudio que en ese entonces se encontraba en progresión, induje un estado hipnótico, regresé a la infancia, y entré con facilidad al corredor de vidas pasadas como lo había hecho varias veces antes.

Cuando entré al corredor, de inmediato llamó mi atención una puerta a mi derecha con una brillantez que no había visto antes. Aunque apenas la había notado en mis regresiones anteriores, la puerta sobresalía sobre las otras en el corredor de muchas puertas. Era una puerta elegantemente diseñada que sugería formalidad y hospitalidad.

Me acerqué a la puerta vacilante, sabiendo que tenía algo significativo pero cuestionando mi preparación para experimentarlo. Puse mi mano sobre la puerta, con lo cual se abrió de golpe completamente para revelar una sala victoriana bien decorada también con un sofá. Al entrar a la habitación, me encontré a mí mismo, un hombre en mis veintes, tomando té de sasafrás con mi novia y un pequeño grupo de amigos. Era una tarde fría y lluviosa. Reconocí el lugar como la casa de mi prometida a mediados del siglo XIX. La conversación se había dirigido a asuntos políticos, un tema de poco interés para mí pero de considerable interés para otros presentes.

Al transcurrir la tarde, me despedí hacia el crepúsculo para regresar a casa a caballo. Con el grupo reunido en el portal de la casa grande de ladrillo, me monté en mi caballo y cabalgué por un camino ancho protegiéndome la cara de la fuerte lluvia con mi brazo. Al acercarme a un arroyo poco profundo, de repente mi caballo se encabritó por el ruido fuerte de un trueno, tirándome con fuerza al arroyo donde mi cabeza se golpeó con una roca.

Herido e incapaz de moverme, sentí que salía de mi cuerpo para ver desde arriba una serie de sucesos. Vi a varios hombres saliendo de prisa de la casa para sacarme del riachuelo. Observé cuando fui llevado adentro y puesto sobre el sofá donde fui declarado muerto. Un espejo puesto cerca de mi cara para detectar la respiración lo confirmó.

Luego me encontré de regreso en mi cuerpo, pero aún no podía moverme ni abrir los ojos, sin importar qué tanto lo intentara. Me pregunté, "¿en realidad estoy muerto? ¿Cómo podría estar muerto y todavía saber lo que estaba sucediendo?"

Permanecí en ese estado durante lo que parecieron horas. Finalmente fui preparado para el entierro y puesto en un ataúd labrado a mano toscamente. A medida que el tiempo pasaba, soportaba mi propio funeral, que parecía demasiado largo, aún tratando desesperadamente de moverme o comunicar que no estaba muerto. Finalmente, el ataúd fue cerrado y llevado a un sepulcro donde, en total oscuridad, sentí que era bajado inestablemente a la tumba. Oí el movimiento de las palas en la tierra, y el ruido amortiguado de la tierra mezclada con roca cayendo sobre el ataúd hasta que todo lo que quedó fue oscuridad y silencio. Al fin pude mover una mano, luego un brazo y después ambas piernas. Con pánico, empujé mis rodillas contra la tapa del ataúd, y sus astillas se clavaron en mi carne. Luego con alivio, sentí una vez más salir de mi cuerpo.

De repente, me di cuenta de la puerta de la vida pasada, todavía medio abierta para revelar el claro corredor afuera. Rápidamente regresé al corredor y cerré la puerta.

Aliviado por estar otra vez en el corredor, regresé al presente. Reflexionando sobre la experiencia, en seguida recordé mi temor a los lugares cerrados. Había experimentado el miedo por primera vez cuando era niño mientras jugaba al escondite con mis dos hermanos. Escondiéndome de espaldas debajo de una cama, había descubierto con pánico que no podía moverme ni hablar. Peor aun, apenas podía respirar, sin importar qué tanto lo intentara. Estaba literalmente paralizado de miedo con lo que parecía ser un peso intolerable e inamovible presionando sobre mi pecho. Nunca había oído de la experiencia cercana a la muerte, pero pensé, "esta es". Finalmente, en el que parecía ser el último segundo de mi vida, mis hermanos me cogieron de los pies debajo de la cama. De ahí en adelante, evité todos los lugares cerrados.

En mi esfuerzo por superar el miedo persistente, ensayé en mí mismo las mismas técnicas convencionales que había usado con mis pacientes —todas basadas en la teoría de que las fobias son respuestas aprendidas y por lo tanto extinguibles—. La teoría es sólida y las estrategias son a menudo efectivas, pero en mí habían fallado.

¿Finalmente había descubierto, a través de la regresión a vidas pasadas, la fuente de mi miedo a los lugares cerrados? Me parecía razonable que ser enterrado vivo en una vida pasada podía terminar en temor a lugares cerrados en la vida actual. ¿Finalmente el conocimiento de vidas pasadas trajo éxito a mis esfuerzos para superar un miedo de toda la vida? Revisé el tiempo —mi experiencia de regresión había tomado sólo treinta minutos, aunque pareció durar mucho más—. Volví a reunirme con mis colegas, quienes todavía estaban tomando té de sasafrás e irónicamente especulando si la reencarnación era realidad o ficción. "¿Dónde está la evidencia en favor de ella?", preguntó un colega. Otro respondió, "¿dónde está la evidencia contra ella?". Finalmente, el debate terminó sin un aparente cambio de opiniones.

Más tarde ese día, decidí probar los efectos de mi experiencia de regresión sobre mi miedo a los lugares cerrados. Por primera vez en mi vida adulta, me metí debajo de mi cama, y acostado de espaldas, no sentí temor alguno; estuve relajado y respiré normalmente. ¡Mi miedo a esta situación había desaparecido! En mí mismo había descubierto el poder liberador del conocimiento de vidas pasadas.

Otras vidas, otros seres

La forma humana que conocemos probablemente no es el único modo de encarnación de las almas. Aunque puede parecer fantástico, es verosímil que hayamos tenido vidas pasadas en otro planeta en una galaxia lejana o incluso en otro universo como otros seres inteligentes. Limitar nuestra encarnación a la forma humana en este planeta, sería eliminar un enorme rango de importantes posibilidades de crecimiento. Algunos de nuestros sujetos durante la regresión efectivamente experimentaron vidas pasadas en otros planetas en diferentes formas animadas.

Nuestros estudios recientes que investigaron la vida después de la muerte también sugirieron la posibilidad de vidas pasadas en la tierra en otras formas (IT 31). Saber cómo es existir como otra forma de vida podría ser importante para la evolución como almas. Mi amor de toda la vida por las aves sugiere para mi satisfacción que he sido un pájaro en una vida pasada como parte esencial de mi evolución. Saber cómo es estar encarnado como un ave podría explicar mi gran interés por estos hermosos seres. Fuera de eso, no excluyo la posibilidad de haber existido como otra criatura viviente. Criado en una granja, de niño a menudo observaba los abrevaderos para rescatar insectos que habían caído al agua. Al rescatar una mariposa nocturna casi ahogada, tuve en mi mano el frágil insecto brevemente para que se recuperara, y luego lo observé mientras cogía vuelo. De repente, se me ocurrió que posiblemente yo había sido una mariposa nocturna en una vida pasada, y que quizás alguien me había rescatado. Pensé que tal vez era importante para mí experimentar cómo era haber sido una mariposa nocturna, o sino un saltamontes o grillo en una vida pasada. Si no era un insecto, posiblemente un árbol —siempre me vi como una persona amante de los árboles—. Con esa experiencia quedé convencido de que experimentar la vida en otras formas vivientes podría ayudarnos a apreciar el valor de todas las cosas vivas.

La pregunta del número

La mayoría de personas probablemente ha especulado cuántas vidas pasadas ha tenido. Sabemos, naturalmente, que un número mayor de vidas pasadas no necesariamente significa mayor calidad de crecimiento. Aunque muchas vidas pasadas parecerían sugerir muchas oportunidades de crecimiento, es importante tener presente que una sola vida de crecimiento concentrado puede ser mucho más importante para nuestra evolución que muchas vidas de oportunidades ignoradas. También es necesario tener en cuenta que traemos a cada nueva vida no sólo las experiencias de nuestras vidas pasadas, sino también las experiencias entre ellas. Menos vidas podrían sugerir un mayor depósito de experiencias de vidas intermedias. Incluso la persona sin experiencias de vidas pasadas podría ser dotada abundantemente con experiencias de la preexistencia.

Además, es importante observar de nuevo que la vida de las almas es interminable, sin principio ni fin. Por consiguiente, las almas no tienen "edad cronológica" y el número de vidas pasadas que hemos tenido no tiene relevancia alguna respecto a la edad.

Aunque la cantidad de vidas pasadas puede tener una relevancia cuestionable con respecto a la calidad de nuestra evolución, sabemos que cada vida tiene un propósito y es rica en nuevas posibilidades de crecimiento. Un objetivo principal de cualquier esfuerzo de regresión a vidas pasadas es descubrir las experiencias de nuestro pasado que se relacionan con nuestro crecimiento actual. Descubrir el número total de vidas pasadas podría ser pertinente para su búsqueda, con cada vida pasada siendo un marcador que sugiere un nuevo cuerpo de posibilidades de conocimiento.

Las siguientes son cuatro estrategias que puede usar para descubrir el número total de sus vidas pasadas:

1. Durante su regresión usando el procedimiento del corredor de vidas pasadas, cuente el número de puertas en el corredor. Si su vida actual es la primera, el corredor no tendrá puertas de vidas pasadas ni puertas de vidas entre vidas. Sólo tendrá la puerta de la preexistencia al final del corredor.

2. Pregunte directamente a su subconsciente. Todas las experiencias de sus vidas pasadas, incluyendo las que existen más allá del conocimiento consciente, son por siempre una parte de su ser. Afortunadamente, su subconsciente es un colaborador dispuesto, siempre receptivo a sus indagaciones conscientes. Para este procedimiento sencillo, despeje su mente, y con los ojos cerrados, pregúntese a sí mismo, "¿cuántas vidas pasadas he tenido?". El número que espontáneamente le llegue a la mente es su respuesta subconsciente. Ese número es más confiable que cualquier otro que surja después debido al razonamiento consciente.

3. Use la escritura automática. Como lo anterior, este procedimiento se basa en la premisa de que las experiencias de vidas pasadas están almacenadas en el subconsciente y son receptivas a nuestras indagaciones. Para este procedimiento sencillo, todo lo que necesita es una hoja de papel en blanco y un lápiz o lapicero. Con la punta del lápiz o lapicero descansando ligeramente sobre la hoja, cierre los ojos y despeje la mente. Con sus propias palabras, afirme su objetivo de descubrir a través de la escritura automática el número de vidas pasadas que ha tenido. Luego permita que la escritura automática ocurra de forma espontánea, totalmente independiente de cualquier esfuerzo de su parte. El número que finalmente surge es a menudo precedido por ciertos dibujos o garabatos. Tome su tiempo para que surja espontáneamente el número que representa la suma de sus vidas pasadas.

4. Use la antena de su cuerpo —el dedo índice de cualquier mano— como una herramienta para abrir el subconsciente y descubrir el número de sus vidas pasadas. Aquí las palabras clave son "abrir" y "descubrir". La respuesta existe dentro de usted mismo, pero está en sus manos abrir su subconsciente y descubrir la información. Para esta estrategia,

use una tabla de números que incluya columnas verticales de números empezando en 0. Al final de cada columna debe haber un espacio sin número que indica que la búsqueda continúa en el tope de la siguiente columna. Puede hacer su propia tabla de números o usar la tabla de vidas pasadas mostrada a en la siguiente página.

Comience el procedimiento tomando unas respiraciones profundas y relajando su cuerpo de la cabeza hacia abajo. Despeje de la mente el pensamiento activo y luego ponga la yema del índice de cualquier mano ligeramente sobre el espacio que está antes del 0. Afirme que el dedo parará sobre el número que significa la suma total de sus vidas pasadas. Lleve lentamente hacia abajo su dedo tocando suavemente la tabla hasta que se detenga en un número. Aquí está la tabla de vidas pasadas completa.

Tabla de vidas pasadas

Esta tabla está diseñada para identificar la suma total de sus vidas pasadas. Ponga la punta del índice de cualquier mano sobre el espacio que precede a 0, y con la yema del dedo tocando suavemente la hoja, afirme que mientras examina hacia abajo, el dedo parará en el número que indique la suma total de sus vidas pasadas. Al final de cada columna hay un espacio que señala que la búsqueda continúa en la parte superior de la siguiente columna. El espacio al final de la última columna indica que la búsqueda debe continuar en la parte superior de la primera columna para determinar el número de vidas adicionales. Continúe la búsqueda hasta que el dedo pare.

Reencarnación en el laboratorio

Durante muchos años, la reencarnación ha sido el tema de investigación en nuestro laboratorio. Entre nuestros primeros proyectos estaba un estudio para el U. S. Army, que fue diseñado para investi-

— (Comience aquí)

0		
1	11	21
2	12	22
3	13	23
4	14	24
5	15	25
6	16	26
7	17	27
8	18	28
9	19	29
10	20	30
— (Continúe en la columna siguiente)	— (Continúe en la columna siguiente)	— (Continúe en la primera columna)

gar el sistema energético humano y su relación con diversos estados mentales (IT 4). Usando la electrofotografía Kirlian para registrar los patrones energéticos del aura que rodean la yema del dedo índice, el estudio descubrió una fuerte relación entre los patrones de energía y ciertos estados mentales. Un estudio posterior apoyado por la Parapsychology Foundation de Nueva York, investigó la electrofotografía con énfasis especial en su utilidad al monitorear ciertos estados alterados, incluyendo la hipnosis y la regresión de edad (IT 9).

Juntos, estos estudios y nuestras investigaciones posteriores, encontraron que el resplandor y la magnitud del aura disminuían con la introducción de la hipnosis usando el procedimiento de autoinducción EM/RC (IT 20). En la regresión a la infancia, la disminución continuó, un fenómeno que llamamos "efecto de declinación de la imagen". Sin embargo, en la regresión a vidas pasadas usando el corredor de vidas pasadas, el resplandor y la magnitud del aura aumentaron dramáticamente, un fenómeno que llamamos "iluminación de vidas pasadas". Finalmente, en la regresión a la preexistencia, el aumento en resplandor y magnitud del aura fue aun

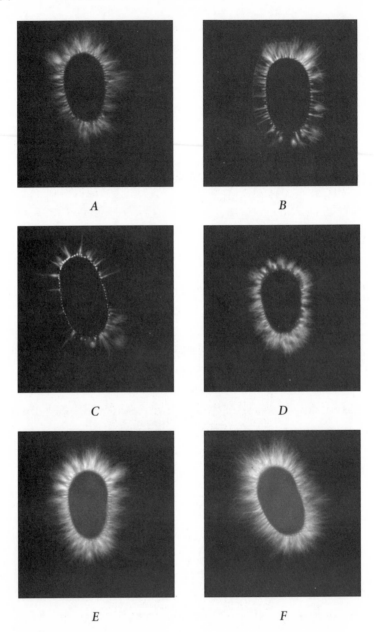

Figura 2. Electrofotografías Kirlian para seis condiciones:
(A) Sin tratamiento, (B) Hipnosis, (C) Regresión de edad a la infancia,
(D) Regresión a vidas pasadas, (E) Regresión a la preexistencia, y
(F) Regresión a vidas entre vidas.

mayor, un fenómeno que llamamos "iluminación de la preexistencia". En el caso de la vida entre vidas, el patrón del aura fue prácticamente igual al de la preexistencia (vea la figura 2).

Los descubrimientos de esta investigación fueron importantes para nuestros estudios sobre regresión por varias razones. Primero, validaron la utilidad de la fotografía del aura al monitorear ciertos estados alterados de conciencia; segundo, demostraron una relación entre el aura y ciertos estados alterados; tercero, indicaron la unicidad de los diferentes estados estudiados; y finalmente, validaron la efectividad del EM/RC y el corredor de vidas pasadas como procedimientos de regresión a vidas pasadas.

En nuestros estudios de laboratorio usando electrofotografía para registrar energías del aura, a menudo observamos una imagen energética fuera del alcance normal de la actividad del aura. Este

Figura 3. Fenómeno de imagen remota.
Observe la imagen tenue fuera del alcance normal
de la actividad energética del aura.

patrón, que llamamos "imagen remota", parece sugerir la presencia de un guía espiritual u otra influencia benévola. Este interesante patrón fue observado en la foto de un estudiante que horas antes se había salvado de un accidente automovilístico. Cuando él vio la imagen en su foto por primera vez, dijo: "¡ese es mi ángel guardián!" (Vea la figura 3).

Basados en estos y otros estudios, seguimos usando la electrofotografía en nuestros laboratorios para monitorear diversos estados alterados y desarrollar procedimientos efectivos para inducirlos.

Resumen

Por medio de la regresión a vidas pasadas usando estrategias tales como EM/RC y corredor de vidas pasadas, podrá observar e interactuar con su pasado personal. Como espectadores o participantes activos, puede experimentar sucesos importantes que crea su historia pasada como alma en evolución. Puede recuperar experiencias de vidas pasadas que tienen relevancia especial para su desarrollo actual.

Todas sus experiencias de vidas pasadas existen dentro de usted —son parte de su evolución como alma—. Usándolas, puede reactivar los potenciales de crecimiento de sus experiencias pasadas e integrarlos en su alma-ser, donde funcionan como nuevos recursos de crecimiento.

Al indagar su existencia pasada, puede descubrir que un conflicto o fobia sin resolver se relaciona directamente con vidas anteriores. Afortunadamente, el conocimiento de estas vidas a menudo es suficiente para solucionar conflictos actuales y eliminar fobias penosas que, de otra manera, limitarían su crecimiento actual. No es sorprendente que sus experiencias de vidas pasadas a menudo brinden soluciones a los problemas de la vida actual, mientras lo motivan e inspiran a alcanzar niveles superiores de crecimiento espiritual.

Sus experiencias de vidas pasadas y el conocimiento basado en ellas contribuyen a su unicidad como almas en evolución, mientras brindan recursos con posibilidades de crecimiento permanentes. Debido a que las almas existen eternamente —no tienen principio ni fin—, el destino de ellas es para crecimiento y grandeza, de eternidad a eternidad. Usted es una entidad espiritual inmortal cuya identidad nunca cambia y cuya evolución es siempre continua.

Como se recalca a lo largo de este libro, el alma, en lugar de ser algo que posee, es lo que es; es esa esencia eterna y única —el "yo soy" de su ser que lo aparta de los otros seres—.

Es importante celebrar las diferencias entre las almas —diferencias de intereses, capacidades, logros, educación, etc.—. Pero también es importante tener presente que tenemos un atributo común —el de evolución eterna— que nos hace más semejantes que distintos. Ese atributo puede promover la tolerancia y aceptación de los demás. Facilita la comunicación y la comprensión entre culturas muy diferentes; nos ayuda a unir en nuestros esfuerzos de alcanzar la paz mundial y hacer del mundo un mejor lugar para nosotros mismos y las futuras generaciones.

Ahora podemos concluir con razonable certeza que el conocimiento de vidas pasadas es poder en una de sus formas más puras.

Un momento de iluminación a veces equivale
a la experiencia de una vida.
—Oliver Wendell Holmes, padre,
"Iris, her book", The Professor at the Breakfast Table (1860)

4

PREEXISTENCIA Y
VIDA ENTRE VIDAS

Como almas, evolucionamos en una vida que va de eternidad a eternidad. Nuestro destino es el crecimiento sin fin. Pero si queremos entender el alcance total de nuestra existencia, debemos examinar las diferentes dimensiones de nuestra vida y sus interrelaciones.

Ya hemos explorado los intervalos críticos conocidos como vidas pasadas usando el EM/RC y el corredor de vidas pasadas. Nos hemos enfocado particularmente en la relevancia de las vidas pasadas para nuestra existencia actual. Hemos ilustrado los potenciales de conocimiento y curación de nuestras experiencias de vidas pasadas cuando son integradas a nuestra vida actual.

Ahora examinaremos dos dimensiones adicionales de nuestra existencia pasada: (1) la preexistencia antes de nuestra primera vida y (2) la existencia entre vidas. Al explorar estos aspectos críticos de nuestro pasado, de nuevo es importante observar que nuestra existencia no sólo es para siempre, es por siempre jamás.

Preexistencia

Debido a la magnitud infinita de nuestro pasado, las indagaciones de nuestra preexistencia son típicamente más productivas cuando nos enfocamos en la relevancia en lugar del alcance. Dado tal enfoque, podemos luego integrar nuestra preexistencia en las experiencias de la vida actual. Afortunadamente, dentro de cada uno de nosotros hay un conocimiento interior, que podríamos llamar conciencia superior o superconciencia, con poder para desentrañar esas experiencias cruciales del pasado y revelar su relevancia actual. Fuera de eso, tenemos acceso al mundo espiritual con todos sus recursos poderosos disponibles para enriquecer nuestra búsqueda.

Al indagar nuestra existencia pasada, como observadores o participantes activos, es importante tener presente que la dimensión espiritual no es un reino de misterios lejano, sino una realidad presente y receptiva. Está tan cerca de nosotros como el aire que respiramos. Como almas, estamos interconectados a esa dimensión. Dentro de nosotros mismos tenemos el poder de, en cualquier momento, tocarla e interactuar con ella. Por medio de la regresión, podemos redescubrir el reino espiritual como lo experimentamos antes de nuestra primera vida y entre nuestras vidas. En el capítulo 5, veremos técnicas y herramientas para experimentar el reino espiritual como existe en el presente.

Exploración de la preexistencia

A través de los años, veintenas de sujetos participantes en nuestros estudios de regresión a vidas pasadas se ofrecieron de voluntarios para explorar su preexistencia (IT 16, IT 18, IT 19). Para descubrir su pasado, usaron los procedimientos EM/RC y corredor de vidas pasadas vistos anteriormente para inducir la hipnosis y luego entrar al corredor de vidas pasadas. Para experimentar su preexistencia, abrieron la puerta de la preexistencia al final del corredor y la observaron como espectadores desde la puerta abierta. Desde ahí, muchos de ellos eligieron entrar para ser participantes activos en su preexistencia como la conocían antes de su primera vida en la tierra. Nuestro viaje de regreso a la preexistencia es, naturalmente, un viaje dentro de nosotros mismos, en el cual descubrimos de nuevo la vastedad de nuestro pasado y cómo se relaciona con nuestro presente y futuro.

Al abrir la puerta de la preexistencia, los sujetos de nuestros estudios quedaron asombrados de su magnificencia y orden. Fueron usuales descripciones tales como *me dejó sin aliento, increíblemente hermoso, realmente un paraíso y totalmente maravilloso.* Los sujetos espectadores describieron la belleza de su preexistencia como algo más allá de lo que habían experimentado en la realidad física. Encontraron una visión panorámica de indescriptible esplendor extendiéndose frente a ellos.

Sin excepción, nuestros sujetos quedaron pasmados ante la magnífica variedad de vistas y sonidos que caracterizaban su preexistencia. Muchos de ellos experimentaron maravillosos sonidos musicales, lo cual no fue una sorpresa, pues la música es el lenguaje mágico que nos une a todos. Un sujeto, estudiante de música, dijo: "Fue como tocar un violín —sentí las vibraciones debajo de mi piel"—. Típicamente, nuestros sujetos se sintieron inmediatamente sintonizados con su preexistencia y las energías que los infundían.

Como espectadores, vieron planos relucientes de belleza extendiéndose interminablemente en la distancia, a veces como arroyos radiantes como vidrio fundido. Uno de los sujetos lo describió como similar a un paisaje iluminado por la luna, con formas fluidas y matices radiantes que abarcaban el espectro de colores. Quedaron impresionados por la configuración ordenada de múltiples planos. Varios sujetos que habían sido entrenados en el viaje fuera del cuerpo al reino espiritual, reconocieron ciertos planos que ya habían visitado durante la proyección astral (vea mi libro *Astral Projection and Psychic Empowerment,* sólo publicado en Inglés). En sus anteriores experiencias fuera del cuerpo, habían interactuado con planos cósmicos de diferentes colores y frecuencias de energía. Habían descubierto las propiedades rejuvenecedoras y curativas de planos esmeraldidos brillantes, las propiedades intelectuales e iluminadoras de los planos amarillos claros, las propiedades de serenidad y paz de centelleantes planos azules, y las cualidades inspirativas de planos de color morado intenso.

Para los sujetos que habían sido entrenados en visión del aura, los colores radiantes que caracterizan los planos de preexistencia fueron similares a los observados en el aura humana (vea mi libro *Aura Energy for Health, Healing and Balance,* sólo publicado en Inglés). Uno de nuestros sujetos, un estudiante que no tiene la capacidad de ver en color, vio el color por primera vez al abrir la puerta de su preexistencia. Quedó impresionado no sólo por la maravillosa belleza de los colores, sino también por lo que él llamó 'música del color' y las armonías sonoras que irradiaban.

Desde su posición ventajosa como espectadores en la entrada a sus preexistencias, los participantes en nuestros estudios quedaron conmovidos por la perfecta simetría y equilibrio del diseño del reino. Observaron formas estructurales vibrantes que incluían orbes, domos, formaciones semejantes a montañas, y arcos que recordaban el arco iris. Uno de los sujetos, un biólogo marino, observó arroyos, lagos y ríos de energía resplandeciente rebosantes de formas de vida marina. Me gustan mucho los árboles y me encanta observar las aves, así que no me sorprendí durante mi propia regresión a la preexistencia cuando vi un espeso bosque primitivo con árboles espléndidos, maleza exuberante y magníficos seres plumados tan vistosos y coloridos como la aracanga. Aunque probablemente es tomada como fantasía por algunos, la experiencia para mí fue una realidad inolvidable e inspirativa.

Además de la espectacular belleza del reino de la preexistencia, nuestros sujetos quedaron profundamente conmovidos por las entidades espirituales humanas del reino. Las reconocieron como seres radiantes dedicados activamente a obtener sabiduría, compartir conocimiento y estimular el crecimiento mutuo. Según nuestros sujetos, las almas existían en diferentes formas, pero todas eran vistas como seres brillantes con capacidad de crecimiento y cambio. Emitían energía vibrante en su forma más fina. Eran vistas incorporando pensamientos, recuerdos y emociones, mientras irradiaban siempre conocimiento y amor. Cada alma era observada como una excelente obra en progreso, adornada de belleza y llena de vida. Como veremos más adelante, las almas con vidas pasadas integraban todas sus experiencias anteriores en una espiral ascendente de crecimiento interminable.

Nuestros sujetos, incluso como espectadores, experimentaron su preexistencia como "una hermandad de amigos". Como almas, interactuaban entre sí, incluyendo almas con vidas pasadas. Aprendieron acerca de la vida en la tierra, a menudo experimentándola indirectamente. Vieron sucesos terrenales desde la distancia y a veces interactuaron con encarnados. Varios de los sujetos reportaron que durante su preexistencia, habían trabajado juntos con otras almas, algunas con vidas pasadas, para influenciar los acontecimientos en la tierra. Aunque los aspectos específicos de esas intervenciones no siempre eran claros, siempre parecían dirigirse a resultados positivos. En algunos casos, las almas en grupos trabajaban para generar vibraciones que influenciaban eventos mundanos.

Como espectadores de su preexistencia, nuestros sujetos no sintieron la necesidad de una jerarquía de poder o preocupación por el estatus —la unidad y armonía prevalecían en todas partes—. Aunque vieron una gran diversidad entre las almas y sus niveles de crecimiento, nuestros sujetos no encontraron almas inferiores o imperfectas —cada alma era vista como un ser de incomparable valor y belleza—. Observaron muchas manifestaciones de amor, caridad y afecto en todo el reino de la preexistencia. Las almas variaban en sus niveles de crecimiento, y no había una clasificación de almas basada en su evolución u otro atributo espiritual. Las diferencias individuales entre las almas eran reconocidas y valoradas, y la semejanza y unidad de ellas eran acentuadas. Aunque pueda parecer demasiado idealista, las metas de crecimiento entre las almas en su preexistencia se dirigían siempre hacia la evolución y la realización, para sí mismas y otras.

Según nuestros sujetos, el juicio, castigo, culpa y sufrimiento son desconocidos en el reino de la preexistencia (IT 44). Las relaciones, roles y funciones entre las almas se orientaban al crecimiento y la iluminación. Entre las actividades comunes estaban el aprendizaje por descubrimiento e interacción, incluyendo interactuar con encarnados en el plano terrenal, un fenómeno que examinaremos más adelante.

Es interesante observar que al ver su preexistencia, nuestros sujetos reportaron haber presenciado oscuridad y luz existiendo por separado pero en formas que se complementaban. La práctica común de asociar la oscuridad con el mal fue rechazada por todos nuestros sujetos de regresión. Según ellos, no existe un lugar para el mal en el reino de la preexistencia. Veían la oscuridad como esencial para la luz y viceversa. En general, concluyeron que la oscuridad y la luz eran los aspectos esenciales complementarios de la conciencia; que la oscuridad significa potencial a ser desarrollado y la luz significa potencial ya desarrollado —juntas, interactuaban en formas que son fundamentales para la evolución del espíritu—. Ninguno de nuestros sujetos se retiró de la experiencia de regresión creyendo que el mal caracterizaba de algún modo la preexistencia de las almas.

Nuestros sujetos describieron su preexistencia sin límites o las conocidas constricciones de tiempo y espacio. El reino espiritual con sus magníficos planos y otras formas se extendía interminablemente con una belleza que no podía ser descrita. El solo verlo fue una experiencia máxima para ellos.

Al entrar a su preexistencia para ser participantes activos, sintieron una infusión de energía pura y un estado de paz más allá de lo que habían experimentado en su vida actual. Experimentaron autonomía total, junto con armonía e igualdad con las otras almas, un estado que muchos de ellos describían como una unidad colectiva dentro de la que se sentían conectados a las otras almas y al mismo tiempo conservaban su individualidad y una total identidad cósmica personal. Experimentaron el amor incondicional como la característica preeminente de la unidad colectiva. Según ellos, el amor incondicional es lo que sostiene todo lo que existe, físico y espiritual (IT 42).

En su preexistencia (y como veremos después, también en el trasmundo), todas las almas parecen no experimentar límites en su capacidad de reconocer otras almas. Descubrieron que todas ellas tenían una personalidad por la cual eran identificadas. Se reconocían mutuamente por su composición cósmica perfecta o genotipo espiritual. Dentro de esa composición perfecta, tenían la habilidad de adoptar diversas formas de energía observables. En el caso de almas con una vida pasada, esa habilidad incluía la capacidad de adoptar en forma espiritual las características físicas de esa encarnación. Naturalmente, la capacidad que tienen las almas en el reino espiritual para adoptar una forma pasada reconocible podría facilitar sus interacciones con almas dejadas atrás. Las muchas apariciones de espíritus o fantasmas reconocibles de los difuntos son ejemplos que comprueban de esa capacidad, como veremos en el capítulo 5.

Extraño como en principio puede parecer, nuestros estudios de regresión descubrieron que las almas conservaban la capacidad de adoptar la apariencia física de no sólo su encarnación pasada más reciente, sino de cualquier vida pasada que hubieran tenido (IT 27). Por ejemplo, el fantasma de Lincoln todavía es visto en la Casa Blanca, aunque nuestras investigaciones sugieren que Lincoln ha tenido al menos otra vida más reciente —la de un médico—. Sin embargo, su vida como Lincoln permanece dentro de su repertorio de vidas pasadas. Su intermitente aparición como Lincoln en forma fantasmal parece ser para él una reminiscencia afectuosa de una vida anterior que ayudó a formar la historia.

En sus interacciones con otras almas, las preencarnadas y las almas con vidas pasadas tenían el dominio perfecto de un "lenguaje espiritual o cósmico". Se comunicaban, intercambiaban ideas, expresaban emociones, exploraban nuevos conceptos desafiantes y experimentaban el amor en su forma más pura. Sus procesos de pensamiento eran libres y desinhibidos; aprendían mutuamente; siempre sentían una unidad cómoda con todas las almas, ya fueran otras preencarnadas o almas con vidas pasadas.

Repetidamente, nuestros sujetos de regresión describieron su preexistencia como un lugar de perfecta paz y armonía (IT 16). Experimentaron un estado amoroso llamado amor auténtico, que parecía ser la fuerza central y unificadora del reino de la preexistencia. No reconocieron almas superiores ni inferiores. Aunque observaron diferencias en niveles de crecimiento entre las almas, encontraron la excelencia, igualdad y valor como características esenciales de todas las almas. Sus interacciones con otras almas eran caracterizadas por comprensión, afecto y consideración positiva incondicional. Aunque estas condiciones pueden parecer demasiado buenas para ser ciertas, nuestros sujetos las encontraron absolutamente esenciales para su preexistencia. No descubrieron un lugar de inseguridad, inferioridad o algo dañino en el reino de la preexistencia.

Según muchos de nuestros sujetos, las características estructurales más impresionantes del reino de la preexistencia eran los llamados "jardines cósmicos", que incluían fuentes maravillosas y estanques relucientes de lo que parecían ser las más elevadas formas de energía. Describieron el bañarse en la rociada de estas fuentes como "terapia para el alma". Bucear en los relucientes estanques era un "éxtasis puro" del cual emergían totalmente energizados, sintonizados y equilibrados. Situados entre los muchos planos coloridos, estos jardines eran vistos por nuestros sujetos como "hermosas salas de clase para el alma" en las que crecían en sabiduría y poder antes de su primera vida en la tierra (y después, entre las vidas).

Usualmente fue en estos jardines que nuestros sujetos interactuaron con maestros y guías, de los cuales algunos habían tenido vidas pasadas en la tierra y, en algunos casos, también vidas pasadas en otros planetas (IT 42). De maestros y guías, aprendieron el valor potencial de la vida en la tierra, junto con posibles riesgos de encarnación. Examinaron la naturaleza de la interacción mente, cuerpo y espíritu; estudiaron la naturaleza del mundo espiritual y físico, incluyendo formas en las que interactuaban entre sí. Bajo la dirección de maestros, sus experiencias de aprendizaje incluían observaciones reales de las condiciones y acontecimientos de la tierra, junto con una participación limitada en asuntos terrenales.

Algunos de nuestros sujetos de regresión reportaron haber participado activamente en actividades que literalmente modificaban sucesos terrenales. Estas intervenciones fueron meticulosamente calculadas para promover el bien común. Fueron realizadas en formas que no interrumpieron el equilibrio ni generaron consecuencias indeseadas de algún tipo.

Una característica principal de su desarrollo en la preexistencia, según nuestros sujetos, fue el descubrimiento de su total autonomía y unicidad como seres espirituales junto con su unidad interconectada con el mundo espiritual. Aprendieron los principios esenciales de la vida y el crecimiento espiritual; aprendieron a apreciar el valor de las almas. Se experimentaron a sí mismos y a otros como "entidades independientes" y "seres espirituales reconocibles" con dignidad e incomparable valor.

La autonomía con dirección de almas y maestros altamente evolucionados caracterizó su desarrollo en la preexistencia. Ninguno de nuestros sujetos sintió que su comportamiento había sido formado o controlado de algún modo por otros durante su preexistencia. En su estado preexistente, rechazaron las comparaciones de diferencias de valor de las almas. Rechazaron el concepto de "almas superiores", prefiriendo el concepto de "almas más evolucionadas".

Muchos de nuestros sujetos regresados que reexperimentaron su preexistencia, describieron sus primeras impresiones como similares a las de sueños lúcidos. Otros, particularmente los que habían sido instruidos en proyección astral, compararon la experiencia con el viaje fuera del cuerpo. En su estado regresado, viajaron libremente entre planos preexistentes con la sola intención. (Además, siguiendo su experiencia de regresión a vidas pasadas, muchos de nuestros sujetos empezaron a usar la autohipnosis y el corredor de vidas pasadas como un vehículo para entrar al estado fuera del cuerpo. Ya en este estado, salían del corredor para ir a destinos escogidos, que podían ser terrestres u otros mundos. Al terminar la experiencia del viaje, regresaron al corredor y la total reencuentro del cuerpo).

En el caso de los sujetos cuyos antecedentes incluían la experiencia cercana a la muerte, al entrar a su preexistencia tuvieron en cierta forma esa experiencia, incluyendo las sensaciones de ser invadido por una luz clara y suave mientras su existencia pasada se extendía frente a ellos.

Habiendo dejado su posición como espectadores para dedicarse activamente a su preexistencia, nuestros sujetos invariablemente reportaron una fuerte conexión con la dimensión de la preexistencia. Varios de nuestros sujetos describieron esto como un "regreso al hogar". Experimentaron total libertad de las limitaciones físicas de la vida en la tierra. Describieron su dominio inmediato del "lenguaje cósmico" como una capacidad para comunicarse sin restricción, similar a la comunicación mente a mente. Fácilmente se conectaban con otras entidades inteligentes, a menudo interactuando con ellas y comunicándose a través del lenguaje cósmico prevaleciente. Experimentaron la capacidad de viajar a voluntad en todo nuestro universo conocido y más allá. Reportaron una habilidad ilimitada para experimentar en primer plano una realidad física lejana, no sólo como observadores, sino como participantes activos.

Observar e interactuar con encarnados en el plano terrenal estaban entre las principales actividades de crecimiento de su preexistencia. Concluyeron que nuestra encarnación en la tierra (y también otros planetas) promueve no sólo nuestro propio desarrollo e idealmente el de otros encarnados, sino también el desarrollo de almas preexistentes que observan e interactúan con encarnados. La tierra es un laboratorio de aprendizaje no sólo para encarnados, sino para preencarnados. Así, nuestra existencia en cada vida debe facilitar nuestra propia evolución además de la evolución de otros, incluyendo almas en el otro lado.

Muchos de nuestros sujetos salieron de su experiencia de regresión convencidos de que habían interactuado con seres animales que también preexistían en forma espiritual. Uno de ellos, un estudiante que trabajaba por horas en un zoológico, interactuó con las formas espirituales de los animales exóticos que él cuidaba. Otro estudiante que ayudaba a criar caballos interactuó con las formas espirituales de caballos más hermosos que cualquiera que él había visto. Tal vez sin ser sorprendente, los dueños de perros a menudo interactuaban con perros, y los dueños de gatos lo hacían con gatos. Como veremos más adelante, muchos de nuestros sujetos que regresaron a su vida entre vidas, también experimentaron interacciones con animales.

Varios de los sujetos reportaron que habían existido en forma animal, lo cual incluía ser un animal temporal además de haber tenido una vida entera en la tierra como animal. La experiencia, en lugar de ser un escalón o preparación para una encarnación humana, era vista como una parte importante de su evolución. Para ellos, existir en forma animal era en sí iluminador y profundamente edificante. Salían de esa vida con un mayor aprecio y comprensión de todos los seres vivos. Veían las formas animales no como seres inferiores, sino como seres espirituales dignos del respeto humano. Los sujetos de regresión que habían vivido como animales en una vida pasada, creían que todas las almas podían beneficiarse de las encarnaciones como animales.

Varios de nuestros sujetos de regresión a la preexistencia reportaron que antes de su primera encarnación fueron entidades pasajeras de otra forma —vivieron temporalmente en ciertos objetos inanimados de la naturaleza—. Esto fue visto por muchos de nuestros sujetos como una parte importante de su aprendizaje preencarnado. Por ejemplo, uno de ellos reportó haber vivido en un árbol diciendo, "siempre he venerado los árboles como los seres vivos más antiguos y grandes de la tierra; quería aprender qué era ser un árbol".

Muchos de nuestros sujetos creían que habían interactuado durante su preexistencia con seres que describían como ángeles, aunque las líneas que separaban los espíritus ministradores, guías, maestros y ángeles a menudo eran confusas. Todos eran seres altamente evolucionados (en lugar de superiores) que estaban comprometidos a ayudar a otras almas a alcanzar un mayor nivel de crecimiento.

Una vez dentro del reino de la preexistencia, todos nuestros sujetos reportaron viajar a voluntad a diversos planos de color y tomar de ellos energías revitalizantes. Consideraron sus interacciones con estos planos de energía como una parte vital de su preparación para una vida en la tierra. También críticas para sus encarnaciones futuras fueron las interacciones con sus maestros y guías preencarnados, a quienes percibían como seres dinámicos y amorosos. Reportaron que la presencia misma de estos seres era profundamente edificante, y sus interacciones con ellos eran siempre iluminadoras.

Durante la regresión a la preexistencia, nuestros sujetos interactuaron con muchas almas, de las cuales no describieron dos como exactamente iguales. Algunas de ellas nunca habían sido encarnadas, mientras otras habían tenido muchas vidas pasadas. Entre sus maestros de la preexistencia estaban muchas entidades altamente evolucionadas sin experiencias de vidas pasadas en este plano terrenal.

En su estado de preexistencia, casi todos nuestros sujetos reportaron que eran un "alma entre muchas almas", todas con características únicas. Reconocieron la diversidad como una característica esencial del mundo espiritual. Las diferencias en los rasgos de las almas fueron reconocidas y valoradas. Una interminable variedad de rasgos espirituales reflejaban esas diferencias. Aunque nuestros sujetos observaron una variedad de lo que llamaron formas espirituales, la identidad y unicidad de cada alma permanecían estables. Todos los sujetos en nuestros estudios de regresión se sintieron bien adoptando el estado del alma que caracterizaba su preexistencia. Reportaron una sensación de libertad e independencia como preencarnados, y al mismo tiempo reconocieron la importancia de la encarnación en el plano terrenal y las oportunidades de crecimiento que brindaba.

Nuestros sujetos de regresión a la preexistencia que estaban entrenados en visión del aura a menudo describieron los seres espirituales con quienes interactuaban como envueltos en un brillo colorido y hermoso, similar al aura humana. Una teoría dice que el aura externa es sólo una manifestación externa de un centro energético interno, y juntos manifiestan la naturaleza espiritual de nuestro ser. Habiendo observado durante la regresión una miríada de formas espirituales radiantes, muchos de nuestros sujetos concluyeron que el aura, como es vista típicamente, en realidad manifiesta la fuerza vital interior que activa nuestra existencia como almas. Sin embargo, no todos los sujetos estuvieron de acuerdo con eso. Algunos de ellos reportaron una fuente de luz lejana, y especularon que puede haber activado el reino preencarnado, incluyendo sus muchos planos, fuentes y estanques de energía. Especularon que tal vez fue la fuente de energía para las almas. Sin embargo, típicamente nuestros sujetos creían que las almas eran energizadas primariamente desde adentro, sin requerir así una fuente de energía externa. Mientras algunos especularon que la fuente de luz podría haber sido Dios, otros insistieron en que Dios existe dentro del alma, no fuera de ella.

Los sujetos de regresión que entraron a su preexistencia siempre se reconocieron como seres conscientes con poder para viajar a las grandes extensiones del mundo de la preexistencia, que fue visto sin límites. Reportaron la capacidad de reconocer otras almas además de guías y maestros con quienes se comunicaban libremente —siempre con amor incondicional y aceptación—. Ninguno de nuestros sujetos se sintió enajenado durante el viaje a su preexistencia.

Aunque nuestros sujetos encontraron muchas almas altamente evolucionadas en el reino de la preexistencia sin historia de encarnación, usualmente concluían que la vida en la tierra podría acelerar su evolución. Los siguientes son ejemplos de los beneficios específicos de la encarnación de las almas reportados por nuestros sujetos justo después de su regresión a la preexistencia:

1. Cada vida brinda interacciones de mente, cuerpo y espíritu totalmente nuevas que pueden promover nuestra evolución mientras contribuyen a la evolución de otros.

2. Cada vida brinda nuevas oportunidades para experimentar realidades del plano terrenal y hacer del mundo un lugar mejor.

3. Cada vida puede ser una fuente de iluminación y enriquecimiento personal, incluyendo el autodescubrimiento y la autorrealización.

4. Cada vida aumenta nuestras oportunidades de experimentar amor, compromiso y comprensión de otros.

5. Nuestra existencia en el plano terrenal puede construir sentimientos de valor y bienestar tan esenciales para nuestro desarrollo continuo.

6. Las interacciones en el plano terrenal amplían nuestra perspectiva de la vida y el aprecio por la diversidad.

7. A través de nuestra existencia en el plano terrenal podemos aprender a asumir la responsabilidad por las con-

secuencias de nuestras decisiones, acciones, actitudes y creencias.

8. Cada vida brinda nuevas oportunidades para desarrollar nuestro lado humanitario. Por ejemplo, ayudando a otros o auxiliando un animal en peligro, experimentamos la realización que llega sólo de los actos de bondad.

9. Cada vida brinda oportunidades para descubrir la belleza y el poder de la naturaleza.

10. Cada vida brinda oportunidades para superar limitaciones físicas, compensar acciones pasadas, completar tareas no finalizadas y fijar nuevas metas.

Sin excepción, nuestros sujetos de regresión a la preexistencia reportaron que la encarnación en el plano terrenal fue por elección; nunca fue impuesta sobre las almas —porque sería contrario a la naturaleza misma de las almas como seres de autodeterminismo—. Ellos creían que, incluso en su estado preencarnado de evolución, eran agentes libres con poder para hacer elecciones, fijar metas y determinar sus propios destinos. Los resultados son mayor motivación y disposición para asumir la responsabilidad de nuestra vida y las consecuencias de nuestras acciones. Según ellos, una vida en la tierra como castigo o sentencia sería contraproducente. Aunque los sujetos de nuestros estudios concluyeron que el crecimiento es mejor cuando es dirigido por uno mismo, recibieron el continuo apoyo de sus maestros y guías ministradores.

Aunque todos nuestros sujetos concluyeron que su viaje a una vida en la tierra fue autónomo, reconocieron la importancia de guías espirituales acompañantes a lo largo de sus vidas. Sin embargo, los guías espirituales nunca fueron "asignados"; más bien, acompañaron voluntariamente a individuos que emprendieron una vida, con la interacción entre el guía y el encarnado promoviendo la evolución de ambos.

Según nuestros sujetos en la preexistencia, decidir una vida en la tierra es un proceso que combina la autocrítica y las interacciones colectivas con otras almas (IT 42). El proceso es informal y sin reglas y regulaciones impuestas. En realidad, el proceso que comúnmente llamaban "preparación encarnada" es en sí un fenómeno de evolución. El proceso de preparación siempre es flexible y autoiniciado, y puede ser aplazado o abandonado en cualquier momento. Nada en el reino de la preexistencia es irreversible. El crecimiento y desarrollo son espontáneos y autoiniciados dentro del alcance de recursos ilimitados, incluyendo la sabiduría y dirección de maestros superiores y guías protectores.

Aunque nuestros sujetos estuvieron de acuerdo en la naturaleza del proceso de preparación involucrado para entrar en el cuerpo humano, no concordaron en el momento exacto de la encarnación. Aunque casi todos creían que entraban voluntariamente al cuerpo humano en algún momento durante el desarrollo prenatal, unos creían que la encarnación ocurría en el nacimiento, y un número muy pequeño creía que el momento de la encarnación era esencialmente fortuito, que podía ocurrir en diversas etapas durante el desarrollo prenatal. Ninguno de nuestros sujetos creía que la encarnación se daba en la unión entre el esperma y el óvulo. Para todos ellos, la unión del alma y el cuerpo era vista como un fenómeno espiritual que señala el comienzo de una nueva vida.

Los puntos de vista de nuestros sujetos concernientes al momento de la encarnación se relacionan fuertemente con sus posiciones con respecto al aborto. Generalmente, los sujetos que se oponían al aborto veían la encarnación como un suceso prenatal temprano, mientras que los que aprobaban el derecho a abortar veían la encarnación como algo que ocurría posteriormente.

Aunque las opiniones de nuestros sujetos de regresión concernientes al punto de origen de su existencia como almas mostraron amplias diferencias antes de la experiencia de regresión, después de ella concluyeron unánimemente que su existencia no tenía principio ni fin. (Es importante señalar de nuevo que no se hizo ningún esfuerzo durante nuestros estudios para influenciar las ideas de nuestros sujetos). Sin excepción, los sujetos concluyeron que sus vidas en la tierra eran "intervalos evolutivos" que incluían oportunidades para acelerar su crecimiento personal mientras contribuyen al mayor bien. Lograr objetivos personales y humanitarios importantes, dijeron, podría requerir numerosas vidas.

A continuación está un resumen de algunos de nuestros descubrimientos con respecto a la preexistencia, basado en los informes de veintenas de sujetos de diversas formaciones y características personales que se ofrecieron de voluntarios para nuestros estudios:

1. Nuestra existencia como almas no tiene origen primigenio ni destino final. La vida de cada alma es interminable. Antes de nuestra primera encarnación, se extendía eternamente en el pasado; después de nuestra última encarnación, se extenderá por siempre en el futuro.

2. El desarrollo de las almas en la preexistencia era por siempre hacia adelante. Como en cada vida, el crecimiento en la preexistencia fue continuo pero irregular; había períodos de crecimiento rápido y lento. Aunque fueron observadas mesetas de desarrollo y espirales hacia abajo ocasionales, eran importantes porque preparaban las almas para saltos mayores hacia adelante. Ni el llamado "crecimiento detenido" ni el "crecimiento invertido" parecían ocurrir en la historia evolutiva de las almas cuando eran vistas en su totalidad. El crecimiento del alma era regulado por el autodeterminismo y no por otros.

3. Todos los recursos requeridos para nuestro crecimiento estaban disponibles para nosotros en nuestra preexistencia. Estaban incluidos el apoyo colectivo y la sabiduría de maestros y guías junto con los muchos planos y estructu-

ras maravillosos —entre los que había fuentes y jardines de indescriptible belleza—.

4. La censura, castigo y juicios de valor no se presentaban en la preexistencia. Todas las almas eran reconocidas como seres autónomos de incomparable valor y dignidad. Como lo dijo uno de nuestros sujetos, "reconocí ciertas entidades como altamente evolucionadas, pero prevalecían la igualdad y unidad en lugar del rango".

5. Durante su preexistencia, nuestros sujetos interactuaron con muchas almas, incluyendo unas que anteriormente habían vivido en la tierra.

6. Durante su preexistencia, nuestros sujetos interactuaban ocasionalmente con almas que viven actualmente en la tierra. En ocasiones, intervenían en asuntos terrenales para influenciar acontecimientos en la tierra.

7. Muchos de los sujetos que regresaron a su preexistencia, experimentaron interacciones con animales en el mundo espiritual.

Vida entre vidas

Todos los sujetos que habían participado en nuestros estudios de preexistencia se ofrecieron para participar en nuestros estudios de vida entre vidas (IT 52, IT 53, IT 54). Al igual que con las indagaciones en la preexistencia de nuestros sujetos, no hicimos esfuerzo para influenciar sus indagaciones de vidas intermedias. Típicamente, los sujetos usando el EM/RC y el corredor de vidas pasadas no sintieron renuencia al abrir su puerta de vida entre vidas al final del corredor. Desde ahí, vieron brevemente su existencia entre vidas como espectadores antes de entrar para convertirse en participantes activos. Después de las experiencias de regresión, concluyeron sin excepción que el reino de la preexistencia y el de vida entre vidas no son dos reinos separados, sino el mismo. Juntos, brindaban el marco unificado para nuestro desarrollo pasado en el mundo espiritual.

Como en la preexistencia, los sujetos de vidas intermedias experimentaron una unidad colectiva con todas las almas mientras conservaban su identidad cósmica personal. Además, en su retorno al mundo espiritual, experimentaron amor incondicional por todas las almas como en su preexistencia. Quedaron convencidos de que el amor incondicional es la fuerza suprema que sostiene las realidades física y espiritual.

Los sujetos descubrieron que las almas en la preexistencia y las almas con vidas pasadas existen juntas en un reino espiritual de indescriptible belleza. Interactuaban libremente con maestros, guías y otros especialistas en crecimiento que siempre estaban disponibles para promover su evolución. Sin excepción, nuestros sujetos concluyeron que en cualquier estado —preencarnado, encarnado o entre vidas— nuestra evolución como almas es un fenómeno espiritual continuo y eterno.

Sin excepción, los sujetos descubrieron importantes experiencias de vidas intermedias con relevancia para su vida actual. Muchos de ellos sintieron que por medio de la experiencia de regresión, habían estado reunidos con importantes guías espirituales de su pasado, quienes, por invitación, permanecían con ellos. Cuando se encontraban en compañía de sus guías espirituales, cualquier experiencia desencarnada pasada era considerada relevante. Pero así como en sus vidas pasadas, las experiencias desencarnadas más recientes parecían tener relevancia especial para su vida actual.

Al igual que en la preexistencia, nuestros sujetos descubrieron que una hueste de ayudantes siempre estaban disponibles para guiar y facilitar su crecimiento durante los intervalos de vidas intermedias. Pudieron recuperar lo que era actualmente relevante para ellos con la ayuda de sus guías espirituales. Creían que eran guiados a las experiencias importantes para su crecimiento y autorrealización continuos.

Durante su regresión a vidas intermedias, los sujetos a menudo interactuaban con otros desencarnados que habían conocido en sus vidas pasadas, especialmente en la vida pasada más reciente. Durante el estado desencarnado regresado, pudieron adoptar el género y las características de personalidad de la vida pasada más reciente, o de cualquier vida anterior. Interactuaron con miembros de la familia, amigos e incluso socios desencarnados. Sus interacciones con otros desencarnados y preencarnados eran igualmente positivas y productivas.

Para experimentar el trasmundo que seguía después de una vida en particular, nuestros sujetos primero regresaron a esa vida pasada de la cual abrieron la puerta de vidas intermedias. En un caso, el sujeto de regresión, un estudiante graduado de 22 años de edad, interactuó en presencia de guías ministradores con el hombre que le había quitado la vida en su vida pasada más reciente. La víctima había sido un asesino en una vida anterior, y el asesino había sido una víctima. El ciclo vicioso de "víctima-asesino-víctima" fue revelado y finalmente resuelto en el trasmundo.

En otro caso, una estudiante de 20 años descubrió que se había suicidado en su vida pasada más reciente. En el trasmundo, fue guiada por ayudantes espirituales al "abrazo del alma", un proceso de crecimiento en el que ella experimentó, en lugar de censura y castigo, auténtico amor y aceptación de los ayudantes espirituales. Las experiencias de vida intermedia terminaron en una aceptación y entendimiento más profundos de sí misma como un alma con dignidad y valor.

Otro sujeto de 19 años, quien había muerto en la infancia en una vida anterior, fue asistido por ayudantes espirituales para regresar rápidamente a la tierra por otra vida. Sin embargo, los sujetos que habían muerto a corta edad en una vida anterior, rechazaban el concepto de "muerte intempestiva", incluso cuando ocurría en la niñez. Concluyeron que nuestra transición a la vida venidera siempre es oportuna, con propósito y relacionada con el crecimiento. Una y otra vez, las decepciones, sufrimientos y muertes aparentemente trágicas fueron reconocidos y resueltos en el reino de la vida intermedia. Todos los recursos requeridos estaban fácilmente disponibles para quienes entraron a ese reino.

Nuestros estudios de regresión mostraron consistentemente que la flexibilidad es un hilo común en todas las funciones del mundo espiritual. Los procedimientos sumamente inflexibles eran vistos como ineficaces o contraproducentes porque rechazaban la autonomía del individuo. Los métodos espirituales utilizados al promover el crecimiento desencarnado y preparar las almas para una nueva vida, reconocían el amplio espectro de diferencias y necesidades individuales.

En nuestro estado encarnado, la existencia podría ser descrita como un fenómeno de polaridad en el que funcionamos entre opuestos —felicidad versus tristeza, esperanza versus desesperación, independencia versus dependencia, significado versus sin sentido, amor versus odio, y bien versus mal, para listar sólo algunos—. Una vez que quedamos atrapados o enredados entre polos, nuestro crecimiento puede verse interrumpido, nuestra evolución se retrasa y, en algunos casos nuestra vida gira fuera de control. Según nuestros estudios, el fenómeno de polaridad es reemplazado por una participación positiva de la espiral de crecimiento ascendente en el momento de nuestra transición al otro lado. Las espirales descendentes son invertidas para convertirse en espirales ascendentes de crecimiento continuo. Cualquier facultad mental —memoria, percepción, razonamiento, etc.— es restablecida de inmediato en la transición del alma al otro lado, con las almas reanudando sus pasados picos de crecimiento, un fenómeno que llamamos preservación del punto alto de crecimiento —*preservation of peak growth*— (IT 66).

Nuestros estudios de regresión mostraron consistentemente que cada intervalo de trasmundo integra las experiencias de nuestra vida pasada más reciente en un patrón de crecimiento que las maximiza y nos prepara para la siguiente vida, si elegimos reencarnar. Después de cada vida, el proceso de crecimiento incluye la integración de experiencias que pueden haber llegado más allá de nuestra cima de desarrollo para esa vida. Las experiencias más allá de ese nivel son resueltas en formas que promueven nuestro crecimiento en vidas futuras.

Para algunos, el punto máximo de desarrollo para una vida dada llega a muy temprana edad; en otros, ocurre muy tarde en la adultez. Para las almas que desperdician su potencial y sus oportunidades de crecimiento, el crecimiento personal alcanza su punto culminante en los primeros años. En el caso de las almas comprometidas con su propio desarrollo y el bien de otras, el crecimiento personal puede alcanzar su nivel más elevado sólo en la transición al otro lado.

En la preexistencia y las vidas intermedias, el enfoque está consistentemente en la perfección y los potenciales del alma, en lugar de las fallas y limitaciones. Afortunadamente, no tenemos que esperar hasta que nuestra transición tome el dominio de nuestro destino de crecimiento. Como almas, somos actualmente autónomos. Podemos iniciar nuestros procesos de crecimiento, activar poderes inactivos, invertir espirales descendentes, y en el proceso, descubrir un nuevo significado para nuestra vida. Mientras desarrollamos nuestros potenciales superiores, nos movemos más allá de un estado fijo de existencia entre polos hacia una evolución dinámica del espíritu. Asumimos la responsabilidad de nuestras acciones e integramos las experiencias de la vida en formas que maximizan nuestros potenciales de crecimiento mientras contribuimos al crecimiento de otros.

Como en su preexistencia, nuestros sujetos de regresión entre vidas no encontraron lugar para alguna forma de mal en el otro lado. El mantra "no temeré al mal", tiene particular relevancia para el reino espiritual. La maldad es definida mejor como lo que interrumpe o dificulta nuestra propia evolución y la de otros. El mal es por naturaleza autodestructivo; dondequiera que existe, se consume. Ningún mal acompaña nuestro nacimiento y ningún mal sobrevive a nuestra muerte. No traemos maldad con nosotros cuando nacemos en el mundo, y no nos llevaremos maldad cuando lo dejemos. Atribuir mal de alguna forma al reino de trasmundo contradice la naturaleza misma de esa dimensión.

Ninguna de nuestras veintenas de sujetos que entraron al corredor de vidas pasadas hallaron lugar para la negatividad o el castigo en su preexistencia o vida entre vidas. Aunque la espiral de crecimiento ascendente oscilaba entre un nivel bajo de crecimiento mínimo y un nivel alto de crecimiento abundante, no encontraron espirales negativas descendentes en el mundo espiritual.

Tal vez sin ser sorprendente, hubo consenso entre nuestros sujetos en que las experiencias que acumulamos en una vida nunca se pierden —son las recompensas de la vida en este planeta—. Se convierten en los recursos importantes para nuestro desarrollo continuo en la vida venidera. Son integradas en nuestra espiral espiritual, donde nos motivan a fijar metas más elevadas y alcanzar niveles superiores de crecimiento.

A lo largo de nuestros estudios, descubrimos que los intereses y actividades de nuestros sujetos durante su vida actual a menudo parecían relacionarse con su experiencia de regresión. Por ejemplo, varios de los sujetos de regresión eran músicos consumados. Sin excepción, experimentaron los sonidos de la música durante la experiencia de regresión. Algunos de ellos hablaron de música desencarnada como terapia espiritual. Similarmente, los sujetos que se describieron como amantes de los animales, casi siempre experimentaron interacciones con espíritus animales que fueron para ellos enriquecedores espiritualmente.

Consistentes con las opiniones de los sujetos que regresaron a su preexistencia, los sujetos de regresión a vidas intermedias concluyeron que emprender una vida futura es una decisión tomada sólo por el individuo, pero siempre con (no bajo) la dirección y asistencia de ayudantes espirituales y especialistas del desarrollo. La orientación amorosa y el apoyo generoso al formar objetivos fueron componentes típicos del proceso de preparación.

Aunque contrario a algunas opiniones, las almas en el trasmundo nunca fueron condenadas o censuradas por una vida anterior. Nunca fueron "sentenciadas" a una vida futura en particular ni impedidas de regresar a la tierra por otra vida. La iniciación de una nueva vida fue encontrada como una de las decisiones más importantes que toman las almas. Debido a que la elección final de emprender una nueva vida es hecha sólo por el individuo, somos responsables de nuestras vidas y las consecuencias de nuestras acciones. *Efectivamente, escogimos nacer.*

Los sujetos de regresión a vidas intermedias concluyeron unánimemente que los sucesos futuros de la vida, aunque a menudo son predecibles, no son predestinados. Pero aunque determinamos nuestro propio destino como almas, parece prevalecer una justicia cósmica. Por ejemplo, una condición dada en una vida es a menudo seguida por su opuesto en otra vida. Una vida de riqueza y opulencia suele ser seguida por una vida de empobrecimiento y privación. Similarmente, una vida de explotación de otros frecuentemente es seguida por una vida de inmolación. Tales cambios en las vidas podrían ser explicados por el principio cósmico de equilibrio en el cual dos extremos que ocurren en sucesión tienden a moderarse para inducir un estado de equilibrio.

Regresión a vidas pasadas y percepción extrasensorial

A lo largo de nuestros estudios de vidas pasadas, una característica común de la investigación fue estudiar los antecedentes de nuestros sujetos y evaluar sus capacidades psíquicas usando cartas estándar de percepción extrasensorial (IT 71). La decisión de incluir la evaluación psíquica en nuestros estudios fue basada en la posibilidad de que el conocimiento de nuestra existencia pasada podría influenciar nuestras funciones psíquicas actuales. Los estudios confirmaron esa posibilidad. Con regresión a vidas pasadas repetida, mejoró marcadamente el desempeño de nuestros sujetos en pruebas controladas de percepción extrasensorial para telepatía, clarividencia y precognición. (Definidas típicamente, la telepatía es la comunicación mente a mente, la clarividencia es el conocimiento psíquico de realidades existentes pero invisibles, y la precognición es el conocimiento psíquico de sucesos futuros). La regresión a la preexistencia terminó particularmente en un aumento dramático en el desempeño psíquico en el laboratorio. Con el conocimiento de su preexistencia, varios de nuestros sujetos demostraron notables poderes mediúmnicos y de canalización que atribuyeron a los efectos de sintonización y equilibrio de sus experiencias de regresión.

Basados en estos prometedores descubrimientos, completamos los estudios de regresión a vidas pasadas con estrategias dirigidas al desarrollo psíquico de nuestros sujetos. Nuestros estudios anteriores habían mostrado que la práctica controlada mejoraba el desempeño en las pruebas de percepción extrasensorial para telepatía, clarividencia y precognición. Entonces pareció posible que una estrategia controlada en la que sujetos durante la hipnosis ejercitaran sus capacidades psíquicas, pudiera acelerar su desarrollo psíquico general.

Para ese fin, desarrollamos una estrategia conocida como Doors (puertas), diseñada específicamente para estimular la percepción extrasensorial (IT 72). El procedimiento, que ha sido modificado a través de los años, todavía es usado en nuestros laboratorios y aulas. Es uno de los mejores conocidos para activar funciones psíquicas específicas mientras promueve el desarrollo de nuestro potencial psíquico total.

El método usa la autohipnosis para tener acceso a ciertas puertas como categorías de información psíquica. Es importante familiarizarse con el procedimiento completo antes de iniciar la inducción. El técnica siguiente, es la que requiere aproximadamente treinta minutos.

Puertas

Busque un lugar seguro y tranquilo, e induzca un estado hipnótico usando el procedimiento EM/RC o cualquier otra estrategia preferida. Para esta aplicación del EM/RC, el procedimiento es usado sólo para inducir un estado hipnótico —la regresión a la infancia o existencia pasada no es incluida—.

En las primeras etapas del procedimiento, afirme su capacidad de acceder a sus fuentes internas de información psíquica. Si lo prefiere, invoque la presencia protectora de un guía espiritual para que lo acompañe durante toda la experiencia.

Una vez que haya logrado un buen estado hipnótico, visualícese entrando a un corredor largo y luminoso con puertas a cada lado. Las puertas pueden ser de cualquier forma, color o material; pueden ser de madera, oro, plata, cristal o jade, para listar sólo unas posibilidades. Observe una palabra inscrita en cada puerta, con la excepción de una que permanece en blanco. La inscripción puede significar un interés personal particular, tal como relaciones, carrera, finanzas, familia, salud, etc., o especificar temas tales como acontecimientos mundiales, asuntos políticos o catástrofes naturales. La puerta sin inscripción es utilizada para obtener información concerniente a cualquier tema no especificado pero relevante. Puede observar unas puertas con inscripciones profundamente personales tales como el nombre de una persona o una situación particular. Notará que las puertas varían en brillantez, con algunas tan brillantes que llaman su atención, una indicación de que tienen relevancia especial para usted en el momento.

Mientras ve el corredor de puertas, afirme su capacidad de abrir la puerta de su elección para experimentar la información que tiene para usted.

Ahora está listo para abrir la puerta. Puede ver desde la entrada la escena o eventos que se revelan, o entrar para ser un participante activo, tal vez para modificar o de algún modo influenciar las actividades, especialmente cuando parezcan ser de naturaleza precognitiva.

Durante su visita al corredor, puede escoger abrir una segunda puerta. Sin embargo, abrir más de dos puertas durante una sola excursión podría terminar en un diluvio de información que se torna difícil de recibir.

Para terminar su visita al corredor, cierre la puerta(s) y considere brevemente la relevancia de la experiencia. Ahora está listo para finalizar el estado hipnótico contando de uno a cinco, intercalando sugestiones de vigilancia y bienestar.

Una vez que haya retornado al estado normal de la conciencia, reflexione sobre la experiencia y su relevancia. Dé atención especial al posible contenido precognitivo o clarividente de la experiencia.

Los siguientes son ejemplos del uso de este procedimiento por parte de nuestros sujetos:

- Durante su carrera a un cargo importante, un candidato político, quien estaba muy atrás en las encuestas, usó Doors para activar su campaña. Una vez dentro del corredor, abrió la puerta de oro brillante con la inscripción "campaña". Al abrir la puerta, descubrió que ganaría su postura para el cargo, pero sólo si cambiaba su estrategia de campaña recalcando el plano social que había ignorado totalmente. Modificó su campaña de este modo y ganó la elección de manera arrolladora.

- Una estudiante universitaria usó Doors para descubrir a quien sería su futuro esposo. Al entrar al corredor, le llamó la atención una puerta acorazonada de color rojo vivo inscrita con la palabra "amor". Abrió la puerta, y frente a ella apareció la imagen de un hombre joven y atractivo con una sonrisa agraciada, brillando con un resplandor que describió como "simplemente imponente". Días después, asistió a una conferencia donde conoció al amor de su vida. Era idéntico a la imagen que ella había visto detrás de la puerta acorazonada.

- Un estudiante de arte usó Doors a fin de generar ideas para sus creaciones artísticas que incluían pintura y escultura. Detrás de la puerta inscrita con "arte nuevo", vio representaciones pictóricas que literalmente cambiaron el estilo y la dirección de su obra. En una obra posterior, su trabajo llamó la atención de los críticos que elogiaron al artista por su valor al "salirse de la monotonía del pasado".

- Una estudiante de bachillerato usó Doors para identificar el programa de graduados al que entraría después. Al abrir la puerta inscrita con "graduado", una visión panorámica de una universidad conocida se extendía frente a ella. Se matriculó en el programa de graduados de la universidad, y al completar su doctorado, se unió al personal docente de la facultad.

Las anteriores son sólo unas de las posibles aplicaciones de esta interesante estrategia.

Resumen

Nuestra preexistencia y vida entre vidas son etapas de crecimiento que conforman nuestro desarrollo pasado en el mundo espiritual. En lugar de ser dos dimensiones separadas, son la misma.

Por medio del EM/RC y el corredor de vidas pasadas, podemos reexperimentar nuestra existencia pasada en el reino espiritual. Las experiencias de nuestro pasado, una vez integradas en el alma, adicionan significado y dirección a nuestras vidas. Proveen una base sólida para nuestra evolución futura.

Nuestras experiencias pasadas en el reino espiritual fueron edificantes. Nuestro crecimiento fue alimentado mientras alimentamos el crecimiento de otros. Tuvimos acceso a los maravillosos recursos disponibles para nosotros en ese reino —estanques resplandecientes, fuentes centelleantes, planos luminosos, guías, maestros y especialistas en crecimiento—.

Afortunadamente, todos los recursos del reino espiritual están disponibles para nosotros ahora. El reino espiritual es una realidad espiritual. Podemos experimentarlo con toda su belleza y maravilla.

El eterno misterio del mundo es su comprensibilidad.
—ALBERT EINSTEIN (1936)

5

EL REINO ESPIRITUAL: UNA REALIDAD PRESENTE

En los dos capítulos anteriores, nos enfocamos en nuestras experiencias de vidas pasadas con énfasis en su relevancia en la vida actual. Examinamos nuestra existencia en vidas pasadas y la importancia de las experiencias de vidas anteriores para nuestro crecimiento y desarrollo. Examinamos nuestra existencia antes de la primera encarnación en la tierra en la dimensión que llamamos preexistencia, con énfasis en los ricos recursos disponibles para nosotros antes de nuestra primera encarnación. Finalmente, examinamos nuestra existencia de vida entre vidas, un estado desencarnado en una dimensión no distinta a nuestra preexistencia.

Ahora nos enfocaremos en el reino espiritual como existe en el momento. Examinaremos formas en que podemos interactuar directamente con el reino espiritual y formas en que él interactúa con nosotros.

Nuestros estudios de regresión a vidas pasadas concluyeron consistentemente que el trasmundo es una rica continuación de nuestra evolución como almas en una dimensión que, al igual que el alma, se extiende de eternidad a eternidad. El reino espiritual es un lugar de crecimiento y realización espiritual para todas las almas; existió para nosotros como un lugar de crecimiento en el pasado, y existirá para nosotros como tal en el futuro.

Afortunadamente, podemos experimentar el mundo espiritual ahora mismo. En lugar de un sitio lejano que es nuestro destino futuro, el reino espiritual es una realidad presente que invita a nuestra interacción presente. Su cercanía es sentida más fuertemente en ocasiones, pero está siempre presente con recursos ilimitados de enriquecimiento y crecimiento. Es una dimensión que incluye almas preencarnadas y desencarnadas, guías, consejeros espirituales, especialistas en crecimiento y otros seres espirituales, incluyendo animales. Consiste en muchos planos y estructuras maravillosos de indescriptible belleza y posibilidades de crecimiento diferenciales.

Mientras la parte más profunda de nuestro ser con su riqueza de potenciales invita a nuestras indagaciones interiores, el amplio reino espiritual con sus abundantes recursos atrae nuestras indagaciones externas. Ese reino, como nuestra existencia personal, es interactivo —no existe en un vacío de misterio y aislamiento—. Toca en la puerta del alma, invitando a la interacción e iluminación. Es la fuerza colectiva inmensurable que penetra y sostiene todo lo que existe, físico o no físico. Todas las almas somos parte integral de él. Dondequiera que estemos en nuestro crecimiento personal, somos almas en evolución entre todas las almas.

Intervenciones espirituales

La realidad física puede ser una puerta para la iluminación espiritual. El universo físico en general refleja a gran escala la magnificencia infinita del reino espiritual. Pero incluso una pequeña fibra del mundo natural puede tocar el alma y sintonizarse con todo lo que existe. Una hermosa puesta del sol, una tempestad de lluvia en verano, un bosque primitivo o una pradera tranquila, por ejemplo, pueden activarnos e inspirarnos para alcanzar nuevos niveles de crecimiento.

En una escala diferente pero igualmente importante, los precursores silenciosos de la naturaleza pueden ser canales para mensajes confortantes y energías curativas del otro lado. Para una estudiante cuyo padre había cruzado al otro lado recientemente, el mensajero fue una colorida mariposa. Este es su relato:

> El agua resplandeciente del estanque reflejaba el sol y el azul del cielo de verano. Me recordó mi infancia cerca del mar y mi padre marinero. Ahora yo vivía en los dormitorios, y la extensión de agua más cercana era una piscina.
>
> Cuando me senté junto al estanque, sentí el peso de la pena por la repentina pérdida de mi padre, y la culpa de no haber estado presente para consolarlo en su partida. De repente, una colorida mariposa anaranjada y negra descendió y dio con mi mano. Quedé maravillada por su tranquilidad y su liviano peso. Pensé en mi padre, en cuánto amaba el mar y el aire libre. Él creía en las energías curativas de la naturaleza y el poder eterno de la unidad con el universo.
>
> De un momento a otro, la mariposa cogió vuelo, y sentí un tirón casi imperceptible, como si un hilo finísimo hubiera sido roto. Simultáneamente, sentí una liberación de culpa y pena, y un conocimiento maravilloso de la presencia amorosa de mi padre.

Además del consuelo y la curación que a menudo brindan, las intervenciones del reino espiritual pueden involucrar intereses cotidianos muy prácticos, además de situaciones de crisis. Se han conocido por advertir el peligro inminente, ofrecer dirección en la toma de decisiones y suministrar soluciones para problemas críticos. Pueden ser manifestaciones directas o indirectas de la naturaleza humanitaria y compasiva de esa dimensión.

Lo que tal vez fue una intervención muy directa del otro lado ocurrió en mi vida hace varios años en una época de crisis familiar. Yo era estudiante no graduado en la Universidad de Alabama cuando recibí una llamada de emergencia para que regresara a casa debido a una grave lesión que mi hermano había sufrido en un accidente de motocicleta. Aunque no tenía vehículo propio ni dinero suficiente para el viaje, me vestí para viajar con mi único traje, un obsequio de graduación de la secundaria, que ya había empezado a asociar con buena suerte. Había descubierto que usarlo en exámenes finales parecía de algún modo mejorar mi desempeño. Incluso si era algo mental, le atribuía la ayuda al traje.

Vestido con el traje azul, metí la mano en el bolsillo y para mi total asombro encontré un billete de cien dólares bien doblado, más que suficiente para el tíquet de viaje de ida y regreso. Las heridas de mi hermano no eran tan graves como en principio se pensó, así que regresé al campus el día siguiente.

Hasta hoy, no tengo una explicación clara para la aparición del dinero en el bolsillo de mi traje. ¿Tal vez fue una intervención benévola del mundo espiritual? ¿Está la materialización de objetos tangibles, incluso dinero, más allá de los poderes del otro lado? Ahora sabemos que el reino espiritual tiene abundante poder para enriquecer nuestras vidas, a menudo inesperadamente y con muy poco tiempo de aviso. Nos sucede a todos, incluso en formas que nunca nos llaman la atención.

Las intervenciones confortantes del otro lado a menudo parecen presentarse en momentos de grave enfermedad. Para una estudiante cuya madre estaba cerca de la muerte en estado comatoso, la intervención ocurrió sólo horas antes de la partida de su madre. Según ella, estaba sentada con su madre hospitalizada cuando la figura brillante de un hombre joven apareció a medianoche en la cabecera de la paciente. La radiante figura, vestida con una prenda ondeante y usando un turbante, permaneció ahí unos momentos antes de desvanecerse lentamente cuando una enfermera entró a la habitación.

Cerca del amanecer, su madre despertó del coma y, con una sonrisa, se dirigió a su hija y le preguntó, "¿viste ese maravilloso amigo que me visitó en la noche? Usaba un turbante". Con eso, cerró los ojos tranquilamente y partió. Consolada por la experiencia, la estudiante aceptó la muerte de su madre con total seguridad de que el paso de ella al otro lado era una transición alegre en la compañía de un guía compasivo y amoroso.

La necesidad de interacción entre los difuntos y los que quedan atrás a menudo continúa mucho más allá de la transición del alma al otro lado. ¿Por qué se relacionarían las necesidades de los sobrevivientes con las almas cuya existencia consciente continúa en el otro lado siendo frustrada o negada? Similarmente, ¿por qué la transición del alma eliminaría toda posibilidad de comunicación con seres queridos y amigos dejados atrás, un fenómeno que llamamos manifestación desencarnada? Afortunadamente, los canales de comunicación entre estas dimensiones permanecen abiertos.

La interacción con el otro lado es a menudo iniciada por los difuntos que entienden la importancia de la interacción. A continuación un ejemplo.

Un estudiante, al completar su grado de licenciado en Ciencias, aceptó un puesto administrativo en una institución financiera donde avanzó rápidamente en la estructura corporativa. Como su instructor y consejero académico, me había impresionado su excelente rendimiento en el estudio y sus destacadas capacidades de liderazgo.

Años después de su graduación, me desperté a medianoche y vi su imagen envuelta en un brillo radiante a los pies de mi cama. Sonriendo, apareció sólo momentáneamente antes de desvanecerse lentamente en la noche. Supe de inmediato que él había partido.

La mañana siguiente, recibí en mi oficina una llamada de su madre con detalles de la reciente enfermedad y muerte de su hijo. Su prometedora carrera había sido interrumpida cuando le diagnosticaron un tumor canceroso. Aunque el pronóstico para su recuperación era bueno, desafortunadamente murió durante la cirugía.

Todavía soportando la pena de la repentina partida, ella contó cómo su hijo se le había aparecido dos veces en la noche como una breve imagen radiante, siempre sonriente. Explicó que hasta las visitas de él, creía que cualquier comunicación entre vivos y muertos era imposible debido al "gran abismo" que los separa. Gracias a las visitas de su hijo, había entendido de primera mano que interactuar con los difuntos es un proceso curativo y edificante natural para los que se van y los sobrevivientes por igual. Interactuar con su hijo le permitió aceptar su muerte, no como una tragedia, sino como una transición natural a otra dimensión de crecimiento y realización continuos.

La experiencia nos enseña a todos que descartar la posibilidad de interactuar con los difuntos impone una distancia antinatural e innecesariamente frustra dos necesidades humanas muy básicas: (1) nuestra necesidad de comunicarnos con seres queridos que nos preceden al otro lado y, (2) la necesidad de ellos de comunicarse con nosotros.

El poder del amor auténtico

Como se dijo anteriormente, muchos de nuestros sujetos de regresión experimentaron una condición en su existencia pasada que describieron como *amor verdadero*. Este era auténtico e incondicional; trascendía a su preexistencia además de la vida entre vidas. No debería ser sorprendente entonces descubrir que el amor auténtico sobreviva a la muerte y conecte las dimensiones. A menudo es la fuerza subyacente que activa las interacciones desencarnadas.

Nada es más importante para nuestra evolución espiritual que el amor auténtico. Es la expresión más pura y noble del alma humana. A través de él activamos nuestra espiral de crecimiento personal y promovemos la evolución espiritual de otros. El amor verdadero, como dice la canción, "es mucho más grande que lo que la pluma o las palabras pueden decir; va más allá de la estrella más elevada y llega hasta el infierno más bajo". El amor auténtico es rico, puro, inmensurable y fuerte. Igualmente importante, dura para siempre.

Uno de mis primeros estudios conducidos como estudiante doctoral en la Universidad de Alabama, encontró que el amor auténtico es una poderosa fuerza rejuvenecedora (IT 2). Incluso en una relación amorosa interrumpida por la muerte, el amor verdadero puede continuar inspirando y edificando. En todo el estudio diseñado para descubrir los secretos de la longevidad, un tema recurrente fueron los efectos rejuvenecedores de una relación amorosa permanente, incluso cuando un miembro de la pareja había fallecido.

El poder del amor verdadero para cruzar dimensiones fue ilustrado dramáticamente durante mi entrevista con una profesora de matemáticas retirada. Al iniciar la entrevista, noté que ella a menudo acariciaba un gran pendiente de esmeralda, que según ella fue un obsequio de su difunto esposo. Afirmaba que al acariciar la esmeralda, siempre sentía la presencia amorosa de su marido. Creía que la esmeralda, como símbolo de su amor mutuo, era un canal que la conectaba con su esposo y le permitía interactuar con él. Atribuía al poder de esa interacción su excelente salud y calidad de vida.

Apoyando su afirmación, en el estudio se encontró que su esmeralda era la piedra preciosa número uno para sujetos mayores de 90 años. Muchos de ellos creían que poseía propiedades rejuvenecedoras inherentes. En contraste con la esmeralda, nuestros sujetos consideraron que el diamante inducía la fatiga y literalmente agotaba la energía rejuvenecedora del cuerpo. Ese descubrimiento, una vez conocido, inició una interesante tendencia local —la de negociar diamantes por esmeraldas—.

Una historia de amor

Un estudio posterior conducido en la Athens State University ilustró más el poder del amor, especialmente el primer amor, de sobrevivir a la muerte corporal (IT 81). Ese pareció ser el caso de Abigail, una actriz cuyo creciente primer amor supuestamente explicaba su recurrente aparición en la Athens State University poco después de su muerte y que ha continuado hasta hoy. Estudiantes, graduados e invitados al campus, incluyendo muchos que no sabían nada de la leyenda, han afirmado ver la figura esbelta guardando su vigilia tarde en la noche, desde una ventana del tercer piso del McCandless Hall o en el escenario donde actuaba, casi siempre con un ramo de rosas rojas asido en su pecho.

Como cuenta la historia, Abigail Burns era una naciente cantante de ópera de Philadelphia y amiga del presidente de la facultad a comienzos del siglo XX. En una breve visita al campus, la hermosa actriz conoció a un gallardo y joven abogado de la pequeña ciudad, y se enamoraron a primera vista; fue el primer amor para ambos. Cada día se encontraban en el estudio artístico en el tercer piso del McCandless Hall, una majestuosa estructura con un gran auditorio en el primer piso, donde después actuaría.

En la última noche de su visita, realizó trozos escogidos de *La Traviata* de Verdi para los estudiantes e invitados especiales en el auditorio. Fue adorada por la multitud, y al recibir una ovación entusiasta y un ramo de rosas rojas, ella prometió, "regresaré pronto".

Antes de partir esa noche para el largo viaje en coche a su siguiente compromiso, como cuenta la leyenda, apresuradamente se reunió una vez más con su amor recién encontrado en el estudio artístico del tercer piso donde se prometieron otra vez amor imperecedero. Fue ahí donde ella prometió como antes, "regresaré pronto".

Más tarde esa noche, su coche tirado por caballos quedó en medio de una peligrosa tormenta con rayos, truenos y torrentes de lluvia. El cochero buscó un lugar seguro para detenerse en el camino, pero en vano. Finalmente, se acercaron a un puente donde los caballos, asustados por los relámpagos y un trueno, de repente se abalanzaron, soltando el coche. El cochero saltó para ponerse a salvo, pero Abigail permaneció en el coche, que cayó del puente al lecho de roca. Herida de muerte, fue sacada de los restos por el cochero, todavía agarrando el ramo de rosas rojas. Sus últimas palabras fueron, "debo cumplir una promesa; debo regresar".

Poco después de su muerte, al parecer cumplió su promesa —la imagen radiante de Abigail con rosas rojas asidas en su pecho apareció primero en la ventana del estudio artístico y luego en el escenario del McCandless Hall donde ella había actuado—. Hasta hoy, la imagen continúa apareciendo periódicamente, por lo general tarde en la noche. Casi siempre es visible en la ventana del estudio artístico a medianoche el 12 de noviembre, que se dice es el aniversario de su muerte.

Justo al lado del McCandless Hall todavía yace un gran almez sembrado poco después de la muerte de Abigail en memoria de la actriz, que se convirtió en una leyenda alrededor del mundo.

Figura 4. McCandless Hall, Athens State University.
La imagen esbelta de Abigail es a menudo vista en una ventana
del tercer piso, o en el escenario del auditorio del primer
piso de esta histórica edificación.

Pero la historia de Abigail no termina con la leyenda misma. Nuestra investigación de la leyenda incluyó un estudio de escasos registros existentes además del uso de ciertos procedimientos con las manos, entre ellos una estrategia llamada *Interfacing* (IT 27). Desarrollado en nuestros laboratorios para explorar el trasmundo, el Interfacing se basa en la premisa de que sólo hay un velo delgado entre las dimensiones física y espiritual; por consiguiente, a menudo se unen espontáneamente para interactuar entre sí. El procedimiento fue diseñado para estimular deliberadamente ese proceso.

El Interfacing, un procedimiento en grupo, es usualmente conducido en el sitio donde ya ha ocurrido una manifestación de mezcla. El procedimiento involucra una mesa alrededor de la cual se sienta un grupo de participantes voluntarios, que pueden estar rodeados por una audiencia de espectadores. Aunque en algunos aspectos es similar a la sesión de espiritismo, el Interfacing no requiere la presencia de un médium experimentado. De acuerdo a este procedimiento, el potencial mediúmnico hasta cierto punto es común para todos. Uniendo las dimensiones física y espiritual, el procedimiento puede activar espontáneamente el potencial mediúmnico de sus participantes.

Para investigar la leyenda de Abigail usando el Interfacing, 46 estudiantes universitarios se inscribieron en un seminario de parasicología realizado en el escenario del McCandless Hall donde Abigail actuó y donde había sido vista su recurrente aparición. Ocho estudiantes (cinco hombres y tres mujeres) se ofrecieron como participantes activos mientras los otros estudiantes se sentaron alrededor de ellos.

Para iniciar la mezcla, los participantes en la mesa se cogieron de las manos en unidad simbólica y luego afirmaron su receptividad para interactuar con el reino desencarnado. No se hizo ningún esfuerzo para poner de manifiesto a Abigail específicamente, pero sí para hacer a cada participante receptivo al proceso de unión y la interacción que usualmente sigue.

Casi de inmediato, la sensación de la presencia de Abigail se apoderó del grupo. Luego los participantes en la mesa iniciaron una interacción con Abigail intensamente conmovedora. Para los miembros del grupo, fue casi como si ella estuviera presente físicamente. Se comunicaron con ella, y periódicamente durante toda la interacción, compartieron sus impresiones y las ideas específicas de los mensajes de Abigail. A través de ellos, Abigail confirmó los elementos esenciales de la leyenda, incluyendo su visita al campus, su relación con el joven abogado de la ciudad, y su actuación de trozos escogidos de *La Traviata*. Ella verificó las circunstancias de su muerte y sus recurrentes visitas al estudio artístico que se extendían casi en un siglo.

Mientras la sesión avanzaba un estudiante de leyes sentado alrededor de la mesa entró a lo que pareció ser un estado de trance-mediúmnico en el que Abigail habló directamente con el grupo a través de él. Ella explicó sus visitas como una manifestación del amor que puede, dijo, abarcar una vida y más allá. Luego de su muerte, según Abigail, el joven abogado, como ella misma, fue atraído al estudio artístico. Ahí siguieron encontrándose durante mucho tiempo después de su fallecimiento como un testimonio de su profundo amor mutuo. Su frecuente aparición en McCandless Hall, insistió, no era debida a una promesa por cumplir, sino "a causa del amor".

Aunque no era claro lo que finalmente pasó con el enamorado que Abigail dejó atrás, el estudiante hizo una interesante aserción al final de la sesión: él en otra vida había sido enamorado de Abigail. Estaba convencido de que la sesión de Interfacing lo reunió con Abigail una vez más. Para él, esto ilustra el poder del amor para sobrevivir a una vida y más allá. Concluyó, "el amor verdadero es para siempre; es poder en su forma más pura".

El estudiante de leyes quien actualmente es abogado en ejercicio, participó después en nuestros estudios de vidas pasadas usando el EM/RC y el past-life corridor. Sus experiencias de regresión confirmaron su corta pero intensa relación en una vida pasada con Abigail. Cree que siempre sentirá un vínculo amoroso con ella.

Amor auténtico versus juicio arrogante

El poder del amor auténtico puede conectar dimensiones en diferentes formas. En algunos casos, puede ser una interacción iluminadora que nos enseña lecciones importantes acerca de la vida. Mi abuelo, cuyo gran amor por los animales lo mencioné antes, reconocía el poder del amor auténtico que a menudo ilustraba por medio de historias de su pasado. Una historia en particular sobresale del resto como una manifestación de no sólo el poder del amor auténtico, sino también de las consecuencias de la condenación arrogante de los demás.

Fue un fin de semana como otros en que mis hermanos y yo visitábamos a nuestros abuelos, a menudo escuchando historias tarde en la noche alrededor de una chimenea. Usted recordará mi anterior relato de una visita de estas en una noche tempestuosa después de que mi abuela nos había transportado en su birlocho sobre un arroyo crecido. En esta noche en particular, un frente del Noroeste había avanzado y, en lugar de lluvia, había empezado a nevar.

Cuando nos reunimos alrededor de la chimenea, mi abuelo empezó una historia, que yo siempre recordaría, acerca de su infancia en un pueblo de Tennessee en el siglo XIX. En su pequeño mundo, todos sabían de un notorio forajido que había crecido en el mismo pueblo. Había rumores de que el bandido había matado veintenas de hombres y robado varios bancos en el Sur de Tennessee antes de continuar su oleada criminal a través de Arkansas, Oklahoma y en parte de Texas. Finalmente, el pueblo recibió la noticia de que el joven forajido había sido ultimado, al parecer por el hermano de un hombre que había sido víctima del bandido.

Pronto, su cuerpo fue traído para ser enterrado en su pueblo natal. En lugar de un funeral religioso, se organizó una ceremonia sencilla al lado de la tumba. Fue en una monótona tarde de invierno cuando el ataúd cargado por seis hombres fue llevado al cementerio para el entierro en una tumba excavada a mano de al menos seis pies de profundidad, que era lo acostumbrado en esa época.

A pesar de la lluvia helada, los vecinos del pueblo, incluyendo a mi abuelo, quien entonces tenía alrededor de cinco años de edad, se reunieron con paraguas junto a la tumba para el entierro del notorio forajido. Con la madre del bandido afligida y sentada al lado de la tumba, el predicador alto y delgado tomó su lugar acostumbrado junto al ataúd, con su Biblia en la mano, listo para dirigir el entierro. Tres hombres a cada lado de la tumba agarraron en sus manos lazos que iban por debajo del ataúd para sostenerlo y después bajarlo en la sepultura abierta. Ya oscurecía, y los lazos y el ataúd se habían cubierto de hielo de la lluvia helada.

Mientras el predicador y los vecinos del pueblo miraban, los portadores del féretro de repente aflojaron las manos. Los lazos cubiertos de hielo se deslizaron a través de sus manos, y el ataúd cayó a plomo boca abajo en la profunda tumba, sobre agua que había empezado a filtrarse. Un silencio espeluznante se apoderó del grupo mientras el predicador desde su posición mantuvo su cara quieta con una mirada solemne. Para concluir abruptamente la ceremonia, si pudiera llamarse así, el predicador dijo, "¡el forajido cayó en el infierno!". La afligida madre luego fue alejada, y con el ataúd boca abajo, hombres con palas taparon la tumba.

"Pero la historia no termina ahí", agregó mi abuelo. Esa noche, el predicador fue despertado repentinamente por el espectro brillante del bandido parado a los pies de la cama. Con sus ojos penetrantes fijos sobre el asustado predicador, dijo fríamente, "¡todavía no estoy en el infierno!". Con eso, el forajido, teniendo los ojos aún fijos sobre el predicador, desapareció lentamente. El inquieto predicador dio vueltas en la cama el resto de la noche.

"Pero", dijo de nuevo mi abuelo, "la historia no termina ahí". La noche siguiente, alrededor de la medianoche, la imagen luminosa del bandido apareció de nuevo a los pies de la cama del predicador con el mismo mensaje, "¡todavía no estoy en el infierno!", antes de desvanecerse lentamente en la oscuridad. Y de nuevo en la tercera noche, el forajido apareció exactamente como antes con el mismo mensaje.

Al amanecer del tercer día, el predicador, agotado por la falta de sueño, convocó una reunión especial con los vecinos del pueblo para considerar, según él, "un asunto muy urgente". En la hora programada, el predicador trasojado, con la voz ya sin arrogancia, se dirigió a la multitud reunida en la pequeña iglesia del pueblo con el sencillo mensaje, "no juzguen para que no sean juzgados. En irrespetuosa arrogancia y condenación, juzgué a un hombre que llamé forajido, y ese juicio regresó a mí tres noches seguidas". Luego ofreció excusas, no sólo a las personas reunidas, sino también al hombre que había juzgado. Concluyó la reunión con las palabras, "amémonos unos a otros".

Nunca más se presentó la aparición para perturbar el sueño del predicador, y nunca más el predicador juzgó a alguien con arrogancia imprudente.

Mi abuelo siempre finalizaba sus historias con la pregunta, "¿qué piensan de eso?". En lugar de moralizar, dejaba que nosotros sacáramos nuestras propias conclusiones.

El poder del humor

El humor, al igual que el amor, tiene un poder propio. En mis estudios de longevidad, se descubrió que el sentido del humor es tan crítico para tener una vida larga y buena, que lo llamé el Santo Grial del rejuvenecimiento (IT 41).

El poder del humor para extenderse en las dimensiones y conectarnos con el otro lado, es ilustrado de manera impresionante por otra serie de manifestaciones conocidas del trasmundo en la Athens State University. A través de los años, las manifestaciones dieron origen a la leyenda de Bart, un mozo de cuadra de mediados del siglo XIX en el instituto conocido entonces como Athens Female Academy, un colegio privado para mujeres fundado en 1822.

Según la leyenda, Bart cuidaba los caballos de la rectora del colegio, Madame Childs, y ocasionalmente era el cochero de su birlocho. Muy atractivo y musculoso, él era joven y juguetón, pero según algunos, subdesarrollado mentalmente.

En los eventos sociales del instituto, típicamente realizados en el amplio salón del Founders Hall, el mozo de cuadra a menudo ayudaba a servir o se ubicaba vestido de etiqueta cerca de la rectora del colegio, listo para ayudarla si se lo pedía. Su sentido del humor y su buena apariencia natural siempre parecían iluminar la celebración.

Figura 5. Founders Hall, Athens State University.
El mozo de cuadra es visto frecuentemente en el salón
o la capilla del segundo piso de esta magnífica edificación.

Cuando no participaba en las actividades festivas del colegio, a menudo las observaba desde la distancia. Para alegría de las estudiantes, él a veces era visto asomando la cabeza juguetonamente por una cortina o alrededor de una puerta. Era conocido ocasionalmente por hacer bromas a las estudiantes, escondiendo traviesamente joyas y otros objetos personales. Según un informe, una vez escondió el guante de una dama en un florero sobre la mesilla del salón, para descubrirlo él mismo después de una larga y exhaustiva búsqueda por parte de las estudiantes. Por eso, era premiado con un ligero beso. Después, el florero se convirtió en un escondite preferido para objetos personales pequeños que él les quitaba a las estudiantes.

Adorado por las mujeres jóvenes, él era conocido por aparecer ocasionalmente con las mangas para mostrar sus brazos bronceados y musculados, o con la camisa desabotonada hasta su cintura para mostrar sus abdominales bien desarrolladas. Su sonrisa era belleza masculina pura. Aunque parecía prosperar en la atención de las estudiantes, nunca pasó más allá de los límites de su posición de mozo de cuadra.

Desafortunadamente, la tragedia pronto le llegó al joven. Según informes, mientras trabajaba en las caballerizas fue pateado por un caballo y sufrió una lesión mortal en la cabeza. Su funeral, que fue realizado en la capilla del colegio, en el segundo piso del Founders Hall, fue imponente y elaborado, con himnos, salmos y tributos de las estudiantes y Madame Childs. El entierro en un cementerio contiguo al colegio fue igualmente majestuoso, con pétalos de flores esparcidos sobre el ataúd mientras era bajado lentamente en la tumba.

Luego siguió un período de luto por el querido mozo de cuadra, quien para entonces había sido elevado casi a la santidad. Pero pronto habría un interesante giro de sucesos. Primero fueron los sutiles movimientos de las cortinas del salón, seguidos por el apagado inexplicable de las lámparas, y finalmente la aparición de su imagen vaga en los oscuros pasillos del Founders Hall. Cuando fueron reanudados los eventos sociales del colegio, el mozo de cuadra aparecía a menudo, asomándose como antes, en una cortina o alrededor de una puerta y mostrando una gran sonrisa.

Pronto, objetos personales de las jóvenes mujeres empezaron a desaparecer como antes, reapareciendo después en los lugares más improbables. Por ejemplo, un paraguas perdido apareció colgado misteriosamente en una barra de cortina alta, y el abanico de una dama fue hallado medio oculto en una araña de luces. Finalmente, un guante extraviado apareció en el escondite preferido del mozo de cuadra —el antiguo florero de París sobre la mesilla del salón—. Esa indicación mostró para la alegría de todos el regreso del joven; y lo mejor de todo, él era de nuevo el mismo.

Figura 6. Antiguo florero de París.
En este antiguo florero, Bart escondía objetos
como broma a los estudiantes.

Nuestra investigación, que incluyó entrevistas con testigos además de una revisión de registros existentes, halló considerable evidencia que sustenta la leyenda de Bart (IT 28). El colegio tenía caballerizas que alojaban caballos de Madame Childs a mediados del siglo XIX, y ella viajaba frecuentemente en coche con un joven mozo de cuadra como cochero. Fiel a la leyenda, el mozo de cuadra, cuyo nombre era Bartholomew, murió en las caballerizas después de ser pateado por un caballo. Poco después de su muerte, su aparición fue vista por unas estudiantes y Madame Childs en el salón y los pasillos del Founders Hall.

Como dato interesante, la leyenda dice que después de la muerte de Bart, fueron enviadas condolencias a Madame Childs por parte del presidente Lincoln, quien era su amigo personal y había intervenido durante la batalla de Athens para salvar Founders Hall de ser quemado por las tropas del gobierno central.

Hasta hoy, Bart todavía aparece —o tal vez dicho mejor, frecuenta— el salón y los pasillos del Founders Hall. Las inofensivas manifestaciones parecen ocurrir no para asustar o intimidar de algún modo, sino simplemente para socializar o encantar.

En un reciente encuentro divertido con el mozo de cuadra, dos estudiantes mujeres que estaban inscritas en mi curso regresaban tarde en la noche a su dormitorio en el tercer piso del Founders Hall y descubrieron un rayo de luz muy brillante proyectándose sospechosamente al pasillo desde debajo de la puerta de la habitación. Abrieron cautelosamente la puerta, sólo para encontrar que la luz provenía no de la habitación misma, sino de debajo de la puerta del closet. Con aprensión, abrieron esta puerta y hallaron frente a ellas la imagen reluciente de un hombre joven y atractivo, muy musculoso y sonriendo traviesamente. Adicional a la sorpresa no necesariamente desagradable, él estaba totalmente desnudo. Aún sonriendo, se desvaneció lentamente, dejando la habitación a oscuras.

La leyenda de Bart, con los elementos esenciales en su mayor parte verificados, es importante para nuestro estudio del trasmundo por varias razones. Ante todo, parece confirmar con claridad la continuación de la identidad y personalidad individual más allá de la muerte. Además, sugiere que hay un lugar importante para el humor en el trasmundo. Muestra que un sano sentido del humor, al igual que el amor verdadero, es una fuerza poderosa que puede enriquecer la calidad de nuestra existencia, no sólo en esta vida, sino también en la vida futura.

Un sentido del humor sano puede literalmente romper cadenas kármicas y eliminar deudas kármicas. Nos ayuda a equilibrar y hallar ese lugar de alegría dentro de nosotros. Rejuvenece y promueve la buena salud —mental, física y espiritualmente—. Libera el resentimiento, la ira y otras expresiones negativas que limitan nuestro crecimiento. Cuando vemos las decepciones y la adversidad a través del prisma del optimismo y el humor, liberamos la negatividad y buscamos el reino espiritual. Rompemos todas las cadenas limitantes y extendemos los límites para nuestro crecimiento. Hallamos nuestro camino fuera de las prisiones que a menudo construimos para nosotros mismos.

Animales en el trasmundo

Mi temprano amor por los animales tuvo su comienzo con mis padres y abuelos que siempre los trataban como seres de gran valor. De niño creciendo en una granja del Sur, a menudo observaba a mi madre acariciando compasivamente animales enfermos o heridos, llamándolos por su nombre y hablándoles amablemente. Aunque nunca lo mencionó, se conectaba con ellos mentalmente en formas que estimulaban la recuperación. Su sola forma de ser parecía brindar consuelo y curación. Hasta su reciente muerte a los 96 años de edad, nunca apartó la vista de un animal extraviado que aparecía en su puerta.

Al igual que mi madre, mi padre siempre mostró un profundo respeto y amor por los animales. Al cuidar animales de granja, a menudo hacía lo que parecía ser un masaje de aura confortante en el que suavemente tocaba las energías externas de un animal enfermo o herido, una técnica que actualmente llamamos masaje del aura. En realidad, fue a través de mi padre que aprendí a ver el aura de los animales. Siempre había visto espontáneamente auras alrededor de personas, y supuse que los demás también las veían, pero no sabía que se llamaban auras. Recuerdo ver a menudo a mi padre a gran distancia siempre reconociéndolo por su expansiva aura, un azul radiante como el color de sus ojos. Al observar auras de animales, mi padre sugería que simplemente mirar más allá del animal era suficiente para tener el aura en plena visión. ¡Lo intenté, y funcionó!

Desde mi primera infancia, los animales como amigos han enriquecido mi vida y me han enseñado muchas lecciones importantes —confianza, lealtad, valor y afecto, para listar sólo algunas—. Interactuando con animales y alimentándolos, no como sus dueños, sino como sus amigos y protectores, aprendemos a valorarlos como seres dignos de nuestro amor y respeto. Pueden brindar consuelo, compañía y alegría en nuestra vida. Como amigos, a menudo suplen nuestras necesidades de diversión, relajación y aceptación.

Nunca he dudado de la naturaleza espiritual de los animales. Cuando llega el momento de que los animales dejen este mundo, una vez que se han vuelto parte de nuestra existencia, es tranquilizante saber que la vida continúa para ellos en el otro lado. Ese conocimiento fue especialmente confortante para mis tres hijos en un momento de gran pérdida cuando su compañero de juego de mucho tiempo, un hermoso perro blanco de raza mezclada, falleció.

Whitey, así se llamaba había sido compañero de ellos durante varios años. En el período escolar, él los veía marcharse en el bus y luego esperaba pacientemente con asombrosa puntualidad su regreso al final de la callejuela que conducía a nuestra casa. Durante las vacaciones de verano en la granja, jugaba con ellos en los campos abiertos, nadaba con ellos en el estanque, y se unía a ellos en su entretenimiento preferido —jugar con la pelota—.

Era una pesada tarde de verano cuando ocurrió la tragedia. Los niños estaban jugando en la callejuela cuando Whitey corrió hacia la calle y fue atropellado por un carro que venía de frente. El conductor, un hombre joven que supuse estaba en sus veintes, se detuvo y cuidadosamente cogió al perro herido mortalmente. Llevó al perro inconsciente en sus brazos hasta la callejuela y suavemente lo descargó en el suelo. Cuando todos nos arrodillamos alrededor de nuestro amigo moribundo, mi hermano mayor observó en medio de sus lágrimas al hombre desconocido, quien también estaba llorando y dijo, "estará bien; los perros van al cielo cuando mueren".

Whitey murió y lo enterramos en la granja en un lugar especial que habíamos reservado años atrás para nuestros amigos animales que partían de este mundo. Aunque nunca volvimos a ver al joven desconocido, nunca olvidamos la compasión y profunda comprensión que manifestó en nuestro momento de pérdida.

Muchos años después, recordé a Whitey durante un estudio que estaba desarrollando en la Athens State University sobre la supervivencia a la muerte corporal. Una profesora de física de otra universidad que había oído de nuestra investigación llamó a mi oficina temprano en la mañana con la pregunta, "¿los perros tienen vida venidera?". Antes de que yo respondiera, explicó que su perro, Dax, había muerto recientemente de manera inesperada. Ella y su esposo estaban devastados por la repentina muerte del querido animal que había sido la alegría de sus vidas durante muchos años. Cada noche, se dirigían al balcón de su alcoba superior para darle las buenas noches a Dax. Él siempre respondía con emoción —corriendo, ladrando y saltando entre los arbustos—.

Ellos no tenían hijos, y con Dax muerto, fue como si una parte de sus vidas se hubiera ido con él. Después, en la noche anterior a la llamada, sucedió algo extraordinario. Según su relato, ella y su esposo acababan de regresar a casa y estaban en su alcoba preparándose para acostarse. "Como zombi", dijo ella, "salí al balcón por primera vez desde la muerte de Dax". Desde ahí, para su asombro, vio al perro abajo —jugando, corriendo y saltando con alegría evidente—. Brillaba bajo la luz de la luna mientras rayos plateados parecían rebotar frente a él en una sensacional manifestación de luz.

Asombrada pero sin mencionar a Dax, ella llamó a su esposo y tranquilamente le pidió que la acompañara al balcón donde también vio al perro. Abrazados, observaron a Dax corriendo de un lado a otro con increíble alegría hasta que finalmente saltó hacia arriba y desapareció. De inmediato, el dolor de la pareja se disipó. La pena por la pérdida había sido reemplazada por el asombro de la aparición de Dax y el conocimiento de su existencia continuada en otro mundo.

Ella concluyó su llamada con las palabras, "bueno, supongo que he respondido mi propia pregunta —¡los perros tienen otra vida!"—. Yo agregué, "no sólo tienen otra vida, a menudo quieren que lo sepamos y compartamos su alegría".

En una llamada posterior a mi oficina, recordó la experiencia como un suceso valioso y crucial para ella y su esposo. Explicó, "de inmediato cambió nuestro concepto de la vida y la muerte".

Para muchos de nosotros, la existencia de animales en el trasmundo hace del otro lado un lugar mucho más atractivo.

Conectarse con el otro lado

Como se dijo anteriormente, interacciones muy importantes con el otro lado a menudo ocurren durante el Interfacing, un procedimiento en grupo en el cual nuestra dimensión de la realidad se une e interactúa con el otro lado. El procedimiento es en ciertos aspectos similar a la sesión de espiritismo, pero no requiere la presencia de un médium experimentado. La unión de dimensiones puede activar espontáneamente el potencial mediúmnico de cualquiera de sus participantes.

En una sesión de Interfacing muy productiva, desarrollada recientemente en nuestro laboratorio, una estudiante universitaria interactuó con su difunto padre para obtener información práctica importante relacionada con su situación actual (IT 81). La sesión consistió en una mesa alrededor de la cual se sentaron seis participantes, incluyendo la estudiante, y un público circundante de veinte observadores. Aunque los participantes no tenían experiencia previa con el Interfacing, fueron orientados sobre el procedimiento y estuvieron receptivos al concepto.

Al comienzo de la sesión, varias entidades interactuaron con el grupo antes de que el difunto padre de la estudiante se manifestara y empezara a comunicarse directamente con ella. Fue la primera interacción con su padre desde que falleció en un accidente automovilístico dos años atrás. Después de un conmovedor intercambio entre padre e hija, un silencio se apoderó del grupo, durante el cual la estudiante pareció estar todavía en contacto con su padre por varios minutos antes de que terminara la interacción.

La experiencia del Interfacing con su padre fue un momento muy conmovedor para la estudiante. En una visita a mi oficina el día siguiente, ella describió la interacción como tan real, que fue como si su padre en realidad estuviera presente. Mentalmente, ella lo había visto y oído su voz. Según su informe, él le dio instrucciones durante el intervalo de silencio para que buscara una caja de revistas que todavía estaba guardada en la oficina de su casa. Ella buscó las revistas y encontró entre las páginas una gran suma de dinero que su padre había reservado para sus gastos de estudio.

La aparición en la ventana

Como lo mencioné antes, el reino desencarnado a menudo toca nuestra puerta para iniciar la interacción desde ese lado, siempre con un propósito. Parece que nuestros seres queridos que nos preceden en el otro lado tienen no sólo la necesidad de comunicarse, sino también sus intereses y preocupaciones por nuestro bienestar. Como ya se ilustró, esas preocupaciones pueden incluir hasta asuntos monetarios. Recuerdo un comerciante muy exitoso y amigo de mis padres que murió de repente de un ataque cardiaco. Esto fue poco después de la gran depresión durante la cual muchos bancos quebraron, incluyendo su propio banco local. En esos días de bancos quebrados y pérdidas económicas, la confianza en las instituciones era baja. Se volvió una práctica común guardar dinero o enterrarlo en un sitio seguro, en lugar de confiarlo a los bancos.

Poco después de la muerte del comerciante, su familia hizo una exhaustiva búsqueda de lo que creían era una gran suma de dinero perdida. Buscaron en toda la casa, incluyendo armarios, espacios de almacenaje y el desván. Revisaron los predios circundantes, incluyendo una lavandería, las caballerizas y los alojamientos desocupados donde dormían los criados. Incluso buscaron lo que creyeron que podrían ser posibles sitios de entierro, todo sin éxito. Sin embargo, no fueron a una vieja edificación de almacenaje localizada a una distancia considerable de la residencia.

Meses después de su muerte, la imagen completa del comerciante fue vista por un miembro de la familia tarde en la noche en la ventana de arriba de la antigua edificación de almacenaje. Parado en la ventana como llamando la atención, la recurrente aparición pronto fue vista por otros miembros de la familia y extraños.

Finalmente, el hijo del comerciante decidió revisar la edificación. Entre los objetos tirados esparcidos en la habitación de arriba, él observó un gran baúl metálico en un rincón, lo abrió, y descubrió que ahí se encontraba el dinero perdido. La antigua construcción en su localización distante probablemente fue vista por el comerciante como un escondite seguro en caso de un incendio en la residencia principal. Con el dinero finalmente recuperado, la aparición del comerciante en la ventana dejó de ocurrir, y nunca más volvió a ser vista.

Orbe de energía curativo

Las manifestaciones desencarnadas no siempre se presentan en forma humana. Los orbes y puntos de luz están entre los fenómenos más observados. Pueden ocurrir casi en todas partes. A menudo aparecen como manifestaciones recurrentes en una variedad de sitios que se cree son frecuentados por fantasmas, o surgen espontáneamente durante procedimientos estructurados tales como el Interfacing y movimiento de la mesa (table tipping).

Una psicóloga cuyo padre había muerto recientemente, observó un punto de luz que describió como una estrella moviéndose lentamente alrededor del techo de su alcoba durante la noche. Acompañando la manifestación había una clara sensación de la presencia de su padre. Consolada por la experiencia, agradeció a su padre y el punto de luz se disipó lentamente.

Un orbe verde iridiscente fue visto durante muchos años en el Brown Hall en el campus de la Athens State University. Típicamente observado en una ventana sobre el balcón frontal de la edificación, se creía que el orbe estaba asociado con la historia del lugar como hospital a comienzos del siglo XX.

El verde iridiscente del orbe sugería probables propiedades curativas. Para investigar esa posibilidad, un grupo de estudiantes inscritos en mi clase de parasicología experimental organizó una sesión de Interfacing en una habitación donde la esfera era vista (IT 55). Con el grupo reunido en la noche alrededor de una pequeña mesa, el radiante orbe verde apareció en el centro de la habitación, primero cerca del techo y luego descendiendo lentamente hasta flotar directamente sobre la mesa donde permaneció durante toda la sesión.

El silencio invadió al grupo; una estudiante de medicina que recientemente había sufrido una lesión en la muñeca, osadamente metió su brazo hinchado en el orbe y de inmediato experimentó un alivio total del dolor. Al final de la sesión de dos horas, la hinchazón había desaparecido completamente.

Después del descubrimiento de los poderes curativos del orbe, empecé a usarlo regularmente con mis pacientes para aliviar el dolor y acelerar la curación. Cuando se diseminó la noticia de las propiedades curativas del orbe, la estudiante de medicina que había quedado tan impresionada con la asombrosa energía curativa del orbe, regresó al campus como médica practicante para investigar la posibilidad de usar el orbe para sus pacientes. Desafortunadamente, para entonces el orbe había desaparecido. Luego de la extensa renovación de la edificación, el orbe que había sido observado durante casi un siglo, desapareció para siempre.

Figura 7. Brown Hall, Athens State University.
Durante casi un siglo, un orbe verde de energía fue visto
en una ventana sobre el balcón frontal de la edificación.

Movimiento de la mesa (table tipping)

El movimiento de la mesa, a veces llamado *tabling*, se ha vuelto cada vez más popular en años recientes como una estrategia sumamente productiva para interactuar con el mundo espiritual. Fue inicialmente observado en las sesiones de espiritismo del siglo XIX en las que la mesa se inclinaba o levitaba, y luego daba golpecitos sobre el suelo para transmitir mensajes en clave del mundo espiritual. Con un médium presente, el movimiento usualmente ocurría después que el contacto con una entidad particular había sido establecido. Aunque el movimiento de la mesa practicado actualmente no requiere de un médium, los participantes en la mesa pueden experimentar interacciones mediúmnicas en las que se convierten en mensajeros de una presencia desencarnada.

El movimiento de la mesa requiere un espacio tranquilo libre de distracciones, con un pequeño grupo de participantes sentados alrededor de una mesa de tamaño pequeño tal como una mesa de baraja. La sesión también puede incluir un público observador que típicamente se sienta en círculo alrededor de los participantes. La sesión es usualmente iniciada con una estrategia llamada "abrir la mesa" en la que los participantes se cogen de las manos como símbolo de unidad y luego formulan sus objetivos.

Típicamente, el objetivo general en el movimiento de la mesa es comunicarse con entidades desencarnadas pero sin esfuerzo alguno para invocar o "llamar" una entidad particular. Objetivos más específicos pueden incluir desarrollar nuestras capacidades en el tabling, aumentar nuestro entendimiento de la vida venidera y adquirir información de naturaleza personal, para listar sólo unas posibilidades. Después de que los objetivos han sido formulados, los participantes ponen sus manos, con las palmas hacia abajo, ligeramente sobre la mesa y esperan cualquier manifestación en ella.

Una ligera pulsación o vibración en la mesa, típicamente señala una presencia espiritual. Luego los participantes trabajan con la mesa, no contra ella para no influenciarla mientras permanecen receptivos a ella. Una vez que la mesa se inclina y permanece inclinada, el grupo reconoce verbalmente la presencia que va a responder y establece una clave de comunicación, típicamente un golpecito de la mesa sobre el suelo para una respuesta "sí", dos golpecitos para una respuesta "no", y tres golpecitos para una respuesta de "indeciso o no puedo responder". Luego las preguntas son dirigidas a la presencia espiritual, desde los participantes en la mesa, o un observador del público con permiso del grupo. Durante toda la interacción, la mesa retorna a la posición inclinada después de cada respuesta para esperar otras preguntas. Una vez que termina la interacción con una presencia en particular, la mesa regresa a su posición normal. Luego los participantes pueden continuar con otras interacciones o finalizar la sesión. Para terminar la sesión, los participantes expresan su agradecimiento por la interacción y luego discuten con todo el grupo los resultados de la sesión.

En el movimiento de la mesa, la información puede ser recibida a través de una extensa serie de movimientos de la mesa llamada *kinesics de la mesa* —*Kinesics* es el estudio de movimientos no linguísticos del cuerpo, como gestos y expresiones faciales, como un medio sistemático de comunicación—. Aparte de las respuestas estándar de "sí", "no" e "indeciso o no puedo responder", la *Kinesics* de la mesa incluye patrones de respuesta tales como indecisión, golpes repetidos o consecutivos, golpes suaves o fuertes, golpes rápidos o lentos, y vibraciones. Golpes fuertes en la mesa indican intensidad o autoridad, mientras que golpes suaves señalan cuidado y comprensión. Vibraciones fuertes en la mesa que a menudo ocurren antes de la inclinación, sugieren la presencia de una entidad muy fuerte con una urgente necesidad de comunicarse; mientras las vibraciones menos intensas o pulsaciones suaves son asociadas con una presencia reservada, posiblemente una que se comunica a través del tabling por primera vez. Los golpes repetitivos para una sola pregunta, sugieren una necesidad de volver a plantear la pregunta, o interrupción de otra fuente.

En casos raros, se ha visto que la mesa levita totalmente, con todas las patas elevadas, o se inclina en una pata y luego gira en círculo, patrones que sugieren una interacción muy intensa con una entidad fuerte o la expresión colectiva de varias entidades.

Ocasionalmente durante el movimiento de la mesa, una presencia desencarnada toma forma visible para ser percibida por todo el grupo. Este raro fenómeno ocurrió durante una sesión de tabling con estudiantes en la capilla del Founders Hall en la Athens State University. Durante la sesión, el mozo de cuadra de la década de 1850, quien, como se dijo antes, frecuentó la edificación después de su muerte accidental, comunicó a través de la mesa que estaba contento en el otro lado, y que sus visitas al Founders Hall eran simplemente diversiones agradables. Luego apareció frente al grupo como una imagen brillante, sonriendo y con sus ojos centelleantes. Fue visto claramente por todo el grupo, que consistía en ocho estudiantes sentados alrededor de la mesa (un estudiante en cada lado y uno en cada esquina), rodeados por el resto del curso de treinta y dos estudiantes.

El movimiento de la mesa puede ser una invaluable fuente de consuelo y confianza para quienes quedan atrás, especialmente en casos de la muerte repentina e inesperada de un amigo o miembro de la familia. Fuera de simplemente afirmar la supervivencia a la muerte corporal, el tabling puede satisfacer nuestra necesidad de interactuar y compartir nuestros sentimientos otra vez con los difuntos. Además, les brinda la oportunidad de interactuar directamente con nosotros.

El movimiento de la mesa puede involucrar asuntos de vida o muerte. Personalmente, tal vez salvó literalmente mi vida suministrando información importante concerniente a un futuro accidente. En ese tiempo, viajaba diariamente a mi trabajo en otra ciudad. Típicamente, tomaba la ruta más corta, una carretera principal, pero en ocasiones viajaba por la interestatal para evitar el tráfico pesado. Durante la sesión de movimiento de mesa conducida en mi oficina en el campus, la fuente suministró la fecha y más información detallada concerniente a un grave accidente que predijo que ocurriría en la carretera principal que yo normalmente utilizaba.

En la fecha nombrada, seguí el consejo de la mesa y tomé la interestatal en lugar de la carretera principal. Más tarde en ese día, supe que un grave accidente que involucró varios autos había sucedido en esa carretera exactamente como lo pronosticó la mesa.

El table tipping puede ser desarrollado casi en todas partes, siempre que el lugar sea tranquilo y esté libre de distracciones como se dijo antes. Este procedimiento ha sido conducido en el Pentágono, colegios y universidades importantes, iglesias, centros comunales, hogares de retiro, suites ejecutivas e incluso la Casa Blanca. Jets privados, cruceros y trenes han sido sitios del table tipping. Entre mis lugares preferidos para el procedimiento está la sombra de un magnífico roble solo en una pradera cerca de mi casa. Otros lugares favoritos son las islas del Caribe, especialmente la isla Gran Caimán.

Movimiento de la mesa bajo la luz de la luna

Hay algo en la luz de la luna que aumenta el interés y la emoción de casi todas las actividades, especialmente el tabling. Entre mis experiencias de movimiento de la mesa más extraordinarias está una sesión con estudiantes universitarios conducida bajo la luna llena en frente del Founders Hall en la Athens State University en un área abierta conocida como "Founders Green" (IT 49). En la etapa final de la sesión, la mesa levitó totalmente con las cuatro patas elevadas del suelo. Aunque la levitación total en el tabling es rara, a veces ocurre, típicamente para acentuar la importancia y habilitar posibilidades de interactuar con el otro lado.

Para la sesión en el Founders Green, 38 estudiantes inscritos en mi curso de parasicología experimental se reunieron temprano en una noche de otoño con una luna llena saliendo en el horizonte. Con cuatro participantes voluntarios sentados alrededor de una mesa de baraja, los restantes estudiantes se sentaron en el suelo o se quedaron parados formando un círculo. La siguiente es una copia completa de la sesión grabada en audio.

Grupo: (con la mesa inclinada): Gracias por estar aquí con nosotros bajo la luna llena. Recibimos la oportunidad de interactuar contigo. ¿Estarías de acuerdo en responder nuestras preguntas dando un golpecito con la mesa en el suelo para "sí", dos golpecitos para "no", y tres para "indeciso o no puedo responder"?

Mesa: Sí (indicado por un golpecito).

Grupo: ¿Tienes un mensaje para una persona específica en este grupo?

Mesa: No (indicado por dos golpecitos).

Grupo: ¿Es tu mensaje para todos en este grupo?

Mesa: Sí.

Grupo: ¿Tu mensaje para este grupo tiene que ver con la vida venidera o trasmundo?

Mesa: Sí.

Grupo: ¿Has tenido una vida en la tierra?

Mesa: Sí.

Grupo: ¿Muchas vidas?

Mesa: Sí.

Grupo: ¿Escogiste por ti mismo emprender una nueva vida en la tierra?

Mesa: Sí.

Grupo: ¿Es alguna vida forzada sobre alguien?

Mesa: No.

Grupo: ¿Esta es sólo tu opinión?

Mesa: No.

Grupo: ¿Hay otros seres espirituales contigo ahora que estén experimentando esta interacción?

Mesa: Sí.

Grupo: ¿Están en total acuerdo con las respuestas que nos das?

Mesa: Indeciso o no puedo responder (es indicado por tres golpecitos).

Grupo: Si no están en total acuerdo con tus respuestas, ¿podrías indicar esto respondiendo primero por ti mismo y luego dando tres golpes más?

Mesa: Sí.

Grupo: ¿Podrías aludir a los otros presentes como el "consejo"?

Mesa: Sí (después de una larga indecisión en la que al parecer la fuente consultó a otros presentes).

Grupo: Tenemos la impresión de que a los otros presentes no les gusta ser llamados "consejo", ¿cierto?

Mesa: Sí.

Grupo: ¿Pero a falta de una mejor palabra, aprobaron el uso de "consejo"?

Mesa: Sí.

Grupo: ¿Eres tú mismo parte de ese consejo?

Mesa: Sí.

Grupo: Nos gustaría saber más acerca de los miembros del consejo. ¿Están ahí, como tú, para compartir información?

Mesa: Sí (después de una indecisión).

Grupo: ¿Y también para interactuar de otras formas?

Mesa: Sí.

Grupo: ¿Tú los representas?

Mesa: No.

Grupo: ¿Están ahí porque valoras su sabiduría colectiva?

Mesa: Sí.

Grupo: Pero tenemos la impresión de que hablas por ti mismo en lugar del consejo, de que ellos son sólo consejeros, ¿cierto?

Mesa: Sí (entusiásticamente).

Grupo: Así, el consejo está ahí para facilitar la interacción en lugar de conducirla, ¿cierto?

Mesa: Sí (enfáticamente).

Grupo: ¿Son las almas a veces aconsejadas y guiadas por otras almas en preparación para una nueva vida en la tierra?

Mesa: Sí.

Grupo: ¿Está el grupo consejero presente contigo involucrado en ese proceso de dirección y preparación para otras almas?

Mesa: Sí (vacilante).

Grupo: ¿Tú mismo estás involucrado?

Mesa: Sí.

Grupo: ¿Tienen expertos especiales que determinan si un alma es elegible para ser reencarnada?

Mesa: No.

Grupo: ¿Tienen consejeros especiales que ayudan a las almas a decidir si emprenden una vida en la tierra?

Mesa: Sí.

Grupo: ¿Todas son almas elegibles para reencarnación?

Mesa: Sí (con indecisión).

Grupo: ¿Con la indecisión, estás diciendo que tal vez unas almas necesitan consejo y dirección antes de emprender una vida en la tierra, aunque este puede no necesariamente ser el caso de todas las almas?

Mesa: Sí (después de considerable indecisión en la que, al parecer, la fuente consultó con el consejo).

Grupo: ¿Los otros presentes están en total acuerdo contigo en esto?

Mesa: Sí.

Grupo: Entonces, en general, ¿ser o no reencarnado es una elección personal?

Mesa: Sí.

Grupo: ¿Las almas deliberadamente escogen cuál cuerpo ocuparán al emprender una nueva vida?

Mesa: Indeciso o no puedo responder (indicado por tres golpecitos de la mesa después de una larga indecisión. Al parecer los otros presentes tuvieron dificultad para llegar a un consenso sobre este asunto).

Grupo: ¿Es fortuita la elección de un cuerpo en ocasiones?

Mesa: Sí.

Grupo: ¿Es la elección otras veces más específica?

Mesa: Sí.

Grupo: ¿Es posible que la encarnación ocurra en la concepción?

Mesa: Sí, pero sin consenso del consejo (un golpecito seguido por una indecisión y luego tres golpecitos).

Grupo: Parece haber una falta de consenso sobre este asunto, ¿cierto?

Mesa: Sí.

Grupo: ¿Es eso bueno?

Mesa: Sí.

Grupo: Entonces, ¿es aceptable tener diferentes puntos de vista, incluso en cosas importantes relacionadas con el trasmundo y la reencarnación?

Mesa: Sí.

Grupo: ¿Están los otros presentes de acuerdo en este punto, que está bien tener diferentes conceptos?

Mesa: Sí.

Grupo: ¿Es eso debido a que tener diferentes perspectivas significa que pensamos nosotros mismos, en lugar de dejar que otros lo hagan por nosotros?

Mesa: Sí (entusiásticamente, con un golpe muy fuerte sobre el suelo).

Grupo: ¿Y de esa forma descubrimos lo que es apropiado para nosotros individualmente?

Mesa: Sí.

Grupo: Entonces, ¿es importante ser tolerante con los conceptos que difieren de los nuestros, incluso en asuntos importantes tales como la reencarnación y el trasmundo?

Mesa: Sí.

Grupo: ¿Concluimos entonces que diversas opiniones y creencias son aceptables, y en algunos casos deseables?

Mesa: Sí.

Grupo: ¿Y estás seguro que el consejo de almas presente está en total acuerdo con esto?

Mesa: Sí (después de una pausa en la que al parecer la fuente consultó con el consejo).

Grupo: ¿Es posible que la encarnación ocurra en el nacimiento?

Mesa: Sí.

Grupo: ¿La encarnación también ocurre durante la etapa fetal del desarrollo prenatal?

Mesa: Sí.

Grupo: En casos de nacimientos múltiples idénticos, ¿la encarnación siempre ocurre al mismo tiempo en cada individuo?

Mesa: No (entusiásticamente).

Grupo: En casos de gemelos unidos, ¿la encarnación siempre ocurre al mismo tiempo en ambos individuos?

Mesa: No.

Grupo: ¿Hay almas a su lado que nunca han sido encarnadas en la tierra?

Mesa: Sí.

Grupo: ¿Son menos evolucionados que las almas que han sido encarnadas?

Mesa: No.

Grupo: ¿Estás diciendo que muchas vidas en la tierra no necesariamente indican un alto estado de evolución?

Mesa: Sí.

Grupo: ¿Unas almas son más viejas y sabias que otras?

Mesa: Indeciso o no puedo responder.

Grupo: Volvamos a formular esto: ¿son unas almas más sabias que otras?

Mesa: Sí.

Grupo: ¿Son unas almas más viejas que otras?

Mesa: No.

Grupo: Perdón, deberíamos saber esto, pues todas las almas son eternamente jóvenes.

Mesa: Sí.

Grupo: ¿Pueden escoger el género de su siguiente encarnación?

Mesa: Sí.

Grupo: ¿En ocasiones es fortuita la elección del género?

Mesa: Sí.

Grupo: ¿Es la orientación sexual una función del proceso de elección?, esto es, ¿pueden escoger su orientación sexual antes de emprender una nueva vida?

Mesa: Indeciso o no puedo responder.

Grupo: ¿Es la orientación sexual una función de la elección?

Mesa: No, pero sin consenso del consejo.

Grupo: ¿El consejo no tiene un total consenso sobre esto?

Mesa: Sí.

Grupo: Entonces, ¿las diferencias de conceptos acerca de asuntos tales como la orientación sexual también existen en el trasmundo?

Mesa: Sí.

Grupo: ¿Es la diversidad inherente al proceso de evolución?

Mesa: Sí (enfáticamente).

Grupo: ¿Deberíamos entonces valorar nuestras diferencias en creencias y orientaciones sin tratar de imponerlas a otros?

Mesa: Sí (enfáticamente).

Grupo: ¿Podemos juntos alcanzar un estado de unidad con el universo y aún ver asuntos importantes en forma distinta?

Mesa: Sí (enfáticamente).

Grupo: ¿Son las almas exactamente iguales en la forma en que experimentan su existencia?

Mesa: No.

Grupo: ¿Pareces estar diciendo que la tolerancia es crítica para la evolución de las almas?

Mesa: Sí (enfáticamente).

Grupo: Cambiando el tema aquí, ¿las almas que han cometido actos criminales contra otros existen en su reino?

Mesa: Sí.

Grupo: ¿Siguen siendo criminales en la vida venidera?

Mesa: No.

Grupo: ¿Cómo puede ser eso, es debido a la naturaleza del proceso de transición?

Mesa: Sí, pero sin consenso del consejo.

Grupo: ¿También es debido a su evolución continua en la vida venidera?

Mesa: Sí.

Grupo: ¿Un alma que cometió crímenes contra la humanidad en una vida puede ser un alma benévola y altruista en otra?

Mesa: Sí.

Grupo: De regreso a la transición, ¿a veces en la muerte recuperamos el punto máximo de nuestra evolución pasada en esa vida actual?

Mesa: Sí (enfáticamente).

Grupo: Pero si nos fuimos por mal camino en algún momento, ¿esto queda como una parte de nuestro registro de experiencias?

Mesa: Sí.

Grupo: ¿Y tenemos que enfrentar eso, o digamos, resolverlo?

Mesa: Sí (enfáticamente).

Grupo: ¿Si no es en su reino, tal vez a través de otra vida en la tierra?

Mesa: Sí.

Grupo: ¿Pero podría ser realizado en su reino, tal vez con la ayuda de guías o entidades especializadas?

Mesa: Sí.

Grupo: De regreso al punto anterior, en la transición, ¿siempre soy restaurado a mi punto más alto de desarrollo pasado en una determinada vida, incluso si es en un punto que alcancé en mi temprana infancia?

Mesa: Sí (después de una larga indecisión).

Grupo: Más allá de ese punto, suponiendo que llegó a corta edad y viví más tiempo, ¿soy responsable de lo que siguió?

Mesa: Sí (enfáticamente).

Grupo: ¿Fui restaurado a mi punto máximo anterior para que pudiera enfrentar o asumir la responsabilidad de lo que siguió?

Mesa: Sí (enfáticamente).

Grupo: ¿Podemos asumir que el consejo está de acuerdo contigo en esto?

Mesa: Sí (enfáticamente).

Grupo: Si fuera perpetrador de injusticia en una vida, ¿podría ser víctima de la injusticia en la siguiente?

Mesa: Sí.

Grupo: ¿Esa podría ser una forma de evolucionar, y tal vez resolver karma?

Mesa: Sí.

Grupo: Cambiando el tema, ¿son todas las almas divinas?

Mesa: Sí.

Grupo: Como almas, ¿podemos ser divinos y defectivos al mismo tiempo?

Mesa: No.

Grupo: Sin llamarlas defectivas, ¿podríamos concluir que algunas almas han evolucionado muy poco o casi nada?

Mesa: Sí.

Grupo: ¿Son tan dignas o valiosas como las almas que han alcanzado un estado de evolución muy alto?

Mesa: Sí (enfáticamente).

Grupo: ¿Podríamos entonces decir que todas las almas tienen igual valor pero no son igualmente evolucionadas?

Mesa: Sí (enfáticamente).

Grupo: ¿Eso quiere decir que no tengo ni principio ni fin como alma?

Mesa: Sí (enfáticamente).

Grupo: ¿Está el consenso en total acuerdo sobre esto?

Mesa: Sí (enfáticamente).

Grupo: En el trasmundo, ¿hay figuras o grupos de autoridad que tomen decisiones por nosotros o de algún modo controlen nuestras vidas?

Mesa: No.

Grupo: ¿Seres altamente evolucionados están disponibles para ayudar en lugar de controlar?

Mesa: Sí.

Grupo: ¿Todos tenemos un guía espiritual?

Mesa: Sí.

Grupo: ¿Todos tenemos un ángel guardián?

Mesa: Sí (vacilante).

Grupo: ¿Vacilaste porque los guías espirituales y los ángeles son esencialmente lo mismo o al menos similares?

Mesa: Sí (sin indecisión).

Grupo: ¿Están algunos de ellos permanentemente con nosotros mientras otros lo hacen sólo temporalmente?

Mesa: Sí.

Grupo: ¿Algunos de ellos nos visitan basados en la situación y nuestras necesidades?

Mesa: Sí.

Grupo: ¿Las almas a veces entran en un cuerpo físico para reemplazar otra alma?

Mesa: No, pero sin consenso del consejo.

Grupo: ¿Existen las llamadas "almas ligadas a intereses terrenales"?

Mesa: Indeciso o no puedo responder.

Grupo: Formulemos de nuevo esta pregunta: ¿algunas almas tienen dificultad para dejar atrás su vida pasada cuando mueren?

Mesa: Sí.

Grupo: ¿Hay guías o maestros del trasmundo para ayudarlas en ese proceso?

Mesa: Sí.

Grupo: ¿Hay un universo físico fuera del que conocemos?

Mesa: Sí, pero sin consenso del consejo.

Grupo: ¿Existe un fenómeno tal como un universo paralelo?

Mesa: No, pero sin consenso del consejo.

Grupo: Naturalmente saben de nuestra dimensión como nosotros sabemos de la de ustedes, porque han vivido en la nuestra y nosotros en la de ustedes. ¿Existen dimensiones que desconocemos?

Mesa: Sí (enfáticamente).

Grupo: ¿Los principios de la ciencia, incluyendo la física cuántica, explican otras dimensiones de la realidad y cómo funcionan?

Mesa: No (sin vacilar).

Grupo: ¿Hay formas de vida inteligente en otras partes del universo?

Mesa: Sí (enfáticamente).

Grupo: ¿Está el consejo en total acuerdo contigo en este punto?

Mesa: Sí (enfáticamente).

Grupo: ¿Estas otras formas de vida inteligente también existen en el trasmundo?

Mesa: Sí.

Grupo: Por lo tanto, ¿son los extraterrestres almas como nosotros?

Mesa: Sí.

Grupo: ¿Es posible que algunos de nosotros hayamos existido como extraterrestres en una vida pasada?

Mesa: Sí.

Grupo: ¿Es posible que algunos de nosotros existamos como extraterrestres en una vida futura?

Mesa: Sí.

Grupo: ¿Posiblemente en otro universo u otra dimensión desconocida?

Mesa: Sí.

Grupo: Al definir el concepto de "bien", ¿podríamos concluir que lo que promueve nuestra propia evolución o la de otros es "bien"?

Mesa: Sí (enfáticamente).

Grupo: De este modo, ¿podría el mal ser definido como lo que dificulta nuestra evolución o la de otros?

Mesa: Sí (enfáticamente).

Grupo: ¿Tú y el consejo consideran adecuadas estas definiciones del bien y el mal?

Mesa: Sí.

Grupo: ¿Es el table tipping una buena forma de interactuar con su reino?

Mesa: Sí.

(Nota: En este momento, la mesa descansó totalmente sobre el suelo, como señalando el final de la interacción. Sin embargo, momentáneamente, la mesa se inclinó de nuevo y levitó lentamente con las cuatro patas elevadas del suelo antes de regresar a la posición inclinada).

Grupo: ¿Está ahora todo el consejo en la mesa?

Mesa: Sí.

Grupo: ¿Para manifestar su presencia y reconocer el valor de la interacción?

Mesa: Sí.

Con la luna llena encima, la mesa permaneció inclinada por unos momentos antes de posarse lentamente sobre el suelo, una señal de que la interacción estaba a punto de acabar. Con la mesa en reposo sobre el suelo, los participantes expresaron su agradecimiento a la fuente y el consejo. Luego el grupo entero reflexionó sobre la interacción del tabling y la información que surgió durante la sesión. Como era de esperar, los miembros del grupo expresaron diversas opiniones concernientes a varios de los asuntos substantivos que surgieron durante la interacción; pero ninguno de ellos manifestó dudas con respecto a la autenticidad de la fuente y el consejo.

Movimiento de la mesa en el Caribe

Hace unos años, participé en otra extraordinaria sesión de tabling durante un vuelo en jet privado sobre el Caribe (IT 74).

Otros presentes en la mesa para la sesión eran el director de la Parapsychology Research Foundation, el presidente de una empresa importante y su esposa, un asistente administrativo del presidente y su esposa, y su hijo de diecinueve años, un estudiante universitario.

Una característica notable de esta sesión fue la etapa inicial de la interacción en la que un precursor experimentado introdujo el tema principal de la interacción. Una mesa de baraja de aluminio, un poco más pequeña y liviana que la mesa de baraja normal, fue usada para la sesión. Con cuatro participantes, incluyendo el presidente y su esposa, apoyando sus manos ligeramente sobre la mesa, ésta rápidamente se inclinó. La siguiente es una copia de la sesión que siguió:

Grupo: Gracias por tu presencia. Apreciamos la oportunidad de interactuar contigo a través de la mesa. ¿Podemos invitarte a responder nuestras preguntas con un golpecito de la mesa sobre el piso para "sí", dos golpecitos para "no", y tres para "indeciso o no puedo responder"?

Mesa: Sí (indicado por un golpecito).

Grupo: Primero, nos gustaría que nos dijeras algo acerca de ti. ¿Tienes una historia de vida en la tierra en forma encarnada?

Mesa: No (indicado por dos golpecitos).

Grupo: Asegurémonos de haber entendido: ¿eres un alma que nunca ha sido encarnada en el planeta tierra?

Mesa: Sí.

Grupo: ¿Has vivido en otro planeta?

Mesa: No.

Grupo: Entonces, ¿podríamos considerarte como un preencarnado?

Mesa: Sí (después de indecisión).

Grupo: Observamos que vacilaste. ¿Eso es porque preencarnado implica una encarnación futura, que para ti es incierta?

Mesa: Sí.

Grupo: ¿Es una decisión tuya?

Mesa: Sí.

Grupo: ¿Eso es parte de la autonomía de todas las almas?

Mesa: Sí.

Grupo: ¿Algunas almas que han sido encarnadas en la tierra quedan ligadas a intereses terrenales?

Mesa: No.

Grupo: Entonces, ¿el concepto de estar ligado a los intereses terrenales es erróneo?

Mesa: No.

Grupo: Así, ¿existen almas ligadas a la tierra?

Mesa: Sí.

Grupo: Oh, creo que sabemos lo que estás diciendo. Algunas almas durante su vida en la tierra se sumergen en los intereses terrenales —esto es, están tan dedicadas a los asuntos terrenales, que quedan encerradas, fuera de contacto con lo espiritual—.

Mesa: Sí (entusiásticamente).

Grupo: De este modo, ¿"ligado a la tierra" se aplica a encarnados en lugar de desencarnados?

Mesa: Sí.

Grupo: Gracias por aclararnos esto. Otra pregunta: ¿hay muchas almas a tu lado que nunca han sido encarnadas en la tierra?

Mesa: Sí.

Grupo: ¿Son algunas de ellas altamente evolucionadas?

Mesa: Sí.

Grupo: Ya que nunca has existido en forma humana, ¿podrías adoptar la forma espiritual de un cuerpo humano si decidieras hacerlo visible para nosotros?

Mesa: Sí.

Grupo: ¿También podrías adoptar otras formas espirituales?

Mesa: Sí.

Grupo: ¿Tales como orbes y otras formas de luz?

Mesa: Sí.

Grupo: ¿Experimentas emociones similares a las de almas que han vivido en la tierra?

Mesa: Sí.

Grupo: ¿Una parte de tu evolución es experimentada por otros?

Mesa: Sí (entusiásticamente).

Grupo: ¿Eso quiere decir que evolucionas a través de la participación empática en las experiencias de otros, incluyendo encarnados?

Mesa: Sí (enfáticamente).

Grupo: ¿Has experimentado de este modo emociones humanas tales como comprensión, afecto, confianza, alegría y ternura?

Mesa: Sí.

Grupo: ¿Has experimentado emociones tales como decepción, pena y consternación?

Mesa: Sí.

Grupo: Si eres un guía personal para un alma que experimenta estas emociones, ¿probablemente también las experimentarás?

Mesa: Sí (enfáticamente).

Grupo: ¿Es esa una forma de aprender, siendo un guía espiritual y compartiendo las experiencias de otros?

Mesa: Sí.

Grupo: Entendemos que hay una gran diversidad entre las almas, no habiendo dos exactamente iguales.

Mesa: Sí.

Grupo: Cuando las almas alcanzan un grado de evolución muy alto, ¿son más semejantes?

Mesa: No (enfáticamente).

Grupo: ¿Más diferentes?

Mesa: Sí (enfáticamente).

Grupo: De este modo, ¿uno de nuestros objetivos debería ser desarrollar nuestros potenciales únicos, y al hacerlo, tendemos a adherirnos a ellos, por decirlo así?

Mesa: Sí.

Grupo: Así, ¿es posible una total unidad de las almas?

Mesa: Indeciso o no puedo responder (después de una indecisión muy larga).

Grupo: Vacilaste. ¿Estás diciendo que de algún modo podría haber una unidad de las almas?

Mesa: Sí (sin indecisión).

Grupo: ¿Tal como amor incondicional para todas las almas?

Mesa: Sí.

Grupo: Pero mientras el amor verdadero prevalece, cada uno conserva su propia individualidad y composición única.

Mesa: Sí.

(Nota: Mientras la interacción se desarrollaba, los participantes en la mesa empezamos a sentir que la fuente preencarnada estaba presente por un propósito diferente de transmitir información sobre el otro lado. El ritmo de la interacción era rápido, no para sugerir impaciencia, sino la necesidad de avanzar a otro objetivo).

Grupo: Gracias por la invaluable información que nos has dado, pero creemos que tal vez hay otro propósito para tu presencia.

Mesa: Sí (una respuesta inmediata).

Grupo: Mientras hablamos, ¿hay alguien más ahí contigo?

Mesa: Sí.

Grupo: ¿Y estás ahí para representar a esa persona?

Mesa: Sí (después de indecisión).

Grupo: Vacilaste. ¿Eso fue porque estás ahí para ayudar en lugar de representar?

Mesa: Sí.

Grupo: ¿Como para presentar a esa persona?

Mesa: Sin respuesta.

Grupo: No respondiste. ¿Eso es porque estás consultando con esa persona?

Mesa: Sin respuesta.

(Nota: Luego la mesa se posó lentamente en el piso mientras el grupo esperaba en silencio. Finalmente, la mesa se inclinó de nuevo, y permaneció, aunque inestablemente, en la posición inclinada).

Grupo: ¿Eres una fuente diferente?

Mesa: Sí (una respuesta lenta e insegura).

Grupo: Gracias por tu presencia y disposición para comunicarte con nosotros. ¿Conoces nuestra clave de comunicación?

Mesa: Sí.

Grupo: ¿Está aún contigo la otra fuente con la que nos comunicamos?

Mesa: Sí.

Grupo: ¿Para ayudar en la interacción del tabling si es necesario?

Mesa: Sí.

Grupo: ¿Te has comunicado antes a través de la mesa?

Mesa: No.

Grupo: La mesa es sólo una herramienta que nos ayuda a interactuar.

Mesa: Sí.

(Nota: En esta etapa, las respuestas de la fuente se volvieron más rítmicas y sin indecisión).

Grupo: ¿Tienes una relación especial con alguien en este grupo?

Mesa: Sí (con gran entusiasmo).

(Nota: En este momento, un silencio espeluznante pero no inquietante se apoderó del grupo. Luego el CEO se dirigió a su esposa y dijo, "podría este ser R . . .?, una alusión a su hijo adolescente que había muerto casi un año atrás. Lo que siguió fue una interacción alegre, pero a veces con lágrimas, que involucró a padre, madre e hijo).

Padre: ¿Eres R . . .?

Mesa: Sí (con evidente emoción y alegría).

(Nota: Siguió un período de silencio en el que la madre y el padre experimentaron una reunión intensamente emocional con su hijo).

Padre: (con lágrimas): ¿Eres feliz ahí?

Mesa: Sí (sin indecisión).

Madre: (con lágrimas): Te amamos y todavía te extrañamos. Creí que no podría continuar después de que nos dejaste —ni siquiera pude decirte adiós—.

Mesa: Sí (compasivamente).

Padre: Necesitamos saber con seguridad que estás en un buen lugar . . .

Mesa: Sí (emocionadamente).

Padre: . . . y que te encuentras bien.

Mesa: Sí (sin indecisión).

Madre: Partiste tan joven —tuve dificultad para aceptar eso—. ¿Estaba tu temprana partida destinada a ocurrir?

Mesa: Sí (suavemente).

Madre: Fue porque . . .

Mesa: Sí. (La respuesta llegó antes de que la pregunta fuera completada, como por telepatía).

Madre: Sé que siempre te gustó hacer cosas por otros. ¿Sabes que tus órganos fueron donados a otras personas como lo habías deseado?

Mesa: Sí.

Madre: ¿A veces nos visitas en casa? —en ocasiones parece que estuvieras ahí con nosotros—.

Mesa: Sí.

Madre: ¿Estuviste presente para comunicarnos que estás seguro y feliz en el otro lado?

Mesa: Sí.

Padre: Sé cuánto te gusta bucear. ¿Todavía estás buceando?

Mesa: Sí (emocionadamente).

Padre: Sé que te gustaban los deportes de competencia. ¿Los practican allá?

Mesa: Sí (emocionadamente).

Padre: ¿Pero todavía son tan divertidos?

Mesa: Sí, sí (dos golpecitos con una pausa entre ellos).

Padre: Dijiste sí y luego sí otra vez. ¿Eso significa que los deportes son más divertidos allá?

Mesa: Sí (emocionadamente).

Padre: Una vez me dijiste que creías que habías sido un jaguar en una vida pasada. ¿Lo eras?

Mesa: Sí.

Padre: Francamente, ¿hay espíritus de jaguares donde te encuentras ahora?

Mesa: Sí.

Padre: ¿Y también otros espíritus animales?

Mesa: Sí.

Madre: Sabes que te amamos como siempre lo hicimos.

Luego la mesa se posó lentamente en el piso, señalando así el fin de la interacción. Sin embargo, persistió la sensación de la presencia del joven durante el resto del vuelo.

Para los padres de R—, la experiencia del tabling no sólo puso cierre al dolor, sino que brindó una nueva abertura para una interacción alegre con su hijo. Para ellos, su vieja percepción de la muerte como final triste fue reemplazada con un nuevo conocimiento de vida abundante más allá.

Resumen

La naturaleza misma de la muerte como una transición en lugar de una terminación, asegura la posibilidad de interacciones espontáneas y deliberadas con almas en el otro lado. Estrategias tales como el Interfacing y el table tipping están basadas en la sencilla premisa doble de que las almas sobreviven a la muerte corporal, e interactuar con ellas puede ser importante para nuestra evolución personal. Más específicamente, las interacciones entre los reinos encarnado y desencarnado son importantes porque:

1. Afirman la vida después de la muerte. Amigos y seres queridos que partieron, a menudo nos contactan para alentarnos con su alegre transición. Puede ser una manifestación muy dramática o simplemente un confortante conocimiento interior de su presencia.

2. Pueden satisfacer nuestra necesidad de interactuar con los que nos preceden en el otro lado, además de la necesidad de los difuntos de interactuar con nosotros.

3. Pueden suministrar información acerca de la naturaleza de la vida después de la muerte y las oportunidades que nos esperan en el otro lado.

4. Estimulan la recuperación de la pena, especialmente en casos de muerte repentina o inesperada.

5. Enriquecen y dan mayor significado a nuestra vida. Brindan una visión más amplia de nuestra existencia y aumentan nuestro entendimiento de la vida como continua y eterna.

6. Nos ayudan a reevaluar los objetivos de nuestra vida y a configurarlos de formas que abarquen la vida venidera.

7. Nos ayudan a reconocer el incomparable valor de todas las almas.

8. Promueven nuestro crecimiento espiritual y nos motivan a desarrollar nuestros mayores potenciales.

9. Aumentan nuestro aprecio por todos los seres vivientes.

10. Nos motivan a contribuir por el mayor bien.

Es confortante saber que hay un lugar para todos en la dimensión interminable y eterna que llamamos el otro lado. Rica en nuevas oportunidades de crecimiento, espera nuestro regreso para sacar lo mejor de nosotros. Es una dimensión de abundante amor, comprensión y paz. Es belleza conmovedora y encanto maravilloso, porque como hemos visto, supera todas las realidades físicas. Es un lugar donde nuestros sueños más grandes son realizados; es un reino de realidad eterna donde cada alma descubre su expresión más noble.

Es un lugar emocionante de libertad, diversidad y retos, un lugar de dar y recibir. Es un lugar que acoge nuestra interacción, un lugar que comparte su poder, conocimiento e iluminación. Es el sitio perfecto para la evolución continua de las almas. Es un reino sin fuerzas infernales, castigos o seres monstruosos —estas son las creaciones intemperantes de la imaginativa mente humana—.

Como lo dijo Einstein, "el eterno misterio del mundo es su comprensibilidad". A esa observación podríamos agregar que el misterio eterno del mundo espiritual es, igualmente, su comprensibilidad.

. . . casi todo el que pone a prueba sus fuerzas toca las paredes de su ser ocasionalmente, y sabe hasta dónde intentar saltar.
—CHARLES DUDLEY WARNER, "THIRD STUDY", BACKLOG STUDIES (1873)

6

PROYECCIÓN ASTRAL
Y EL TRASMUNDO

¿Se ha despertado abruptamente de la somnolencia o el sueño para experimentar la sensación de regresar repentinamente al desvelo total?

Al dormir, ¿ha soñado que está volando, tal vez sobre terreno conocido, y viendo en detalle un panorama desde arriba?

¿Se ha despertado del sueño para experimentar desorientación con respecto a su localización o entorno? Tal vez le tomó un rato reorientarse en las direcciones o la disposición de su habitación.

¿Ha experimentado durante un estado pasivo de relajación o ensueño la sensación de literalmente salir de su cuerpo y viajar a un lugar espacialmente lejano? En ese estado, ¿ha interactuado con otros, tal vez en una conversación o sintiendo emociones?

Si ha tenido estas experiencias, ¡no es el único! Nuestros estudios demostraron que son comunes en casi todo el mundo. No son ilusiones o productos de la imaginación; cada una tiene la inequívoca huella de la proyección astral.

La proyección astral, también conocida como experiencia fuera del cuerpo (OBE, -out-of-body experience) y viaje del alma, es un estado del ser en el que las funciones de la conciencia se apartan del cuerpo físico para experimentar otras realidades. En ese contexto, la conciencia es una función del cuerpo astral, la contraparte espiritual del cuerpo biológico. En la proyección astral, el cuerpo astral se separa del cuerpo físico mientras permanece conectado a él por el llamado "cordón de plata", un cordón umbilical que energiza el cuerpo físico y lo sostiene durante el estado fuera del cuerpo. Sólo en la muerte es desunido el cordón de plata, desconectando así el cuerpo espiritual del físico.

En el estado proyectado, el cuerpo astral como portador de la conciencia, es al parecer ilimitado en su capacidad de experimentar otras realidades temporales y espirituales. Los siguientes son unos ejemplos:

- Un antiguo estudiante, cuya abuela se mudó a una ciudad lejana, vio su nueva morada desde arriba durante el sueño. Él observó un ladrillo suelto en el camino que conduce a la puerta principal. Una llamada telefónica a su abuela en la mañana siguiente probó la precisión de su experiencia fuera del cuerpo.

- Una empresaria que planeaba un viaje a el Cairo, visitó en el sueño el hotel donde se alojaría. Observó en el lobby un teléfono amarillo vivo y un hombre en la recepción con su brazo en un cabestrillo. En su llegada al hotel el día siguiente, cada detalle de su visita fue confirmado.

- Una profesora con experiencia en proyección astral viajó fuera del cuerpo para visitar un colega que se había mudado de Nueva York a Hawai. Al entrar a la casa, observó un gran arreglo de flores combinadas sobre una mesa redonda en el centro del vestíbulo, y la escultura de mármol de una mujer en el primer rellano de la escalera. Al llamarla por teléfono, verificó los detalles de su visita.

- Un estudiante que estuvo involucrado en un grave accidente automovilístico, experimentó un estado fuera del cuerpo espontáneo en el que vio su cuerpo aparentemente sin vida desde arriba cuando era puesto en una ambulancia y transportado a un hospital. Permaneció fuera de su cuerpo durante la cirugía de emergencia que también vio desde arriba.

- Un reportero de televisión que había sido entrenado en el viaje fuera del cuerpo, aceptó un nuevo empleo en una ciudad lejana. Antes de reubicarse, decidió visitar fuera del cuerpo el nuevo sitio de trabajo donde una mujer muy atractiva que no conocía llamó su atención. Al presentarse en su nuevo empleo, de inmediato reconoció la mujer que después sería el amor de su vida.

Como vimos en estos ejemplos, el viaje fuera del cuerpo puede ser espontáneo o inducido deliberadamente. Un concepto de la proyección astral sostiene que el estado fuera del cuerpo es tan común, que todos lo experimentamos espontáneamente a diario, especialmente durante el sueño. Se cree que volar o flotar en los sueños son viajes astrales.

Nuestros estudios hallaron que las experiencias fuera del cuerpo espontáneas durante el sueño, a menudo involucran interacciones con el otro lado, incluyendo visitas con parientes o amigos difuntos (IT 64). En muchos casos, suministraron información crucial sobre la relevancia de la vida y la muerte. Un contratista de construcción reportó una visita con su difunto padre la noche anterior a un importante viaje de negocios. En la visita, fue transportado fuera del cuerpo con su padre a su lado hasta un sitio en la carretera montañosa que recorrería el día siguiente. Mientras veían desde arriba una curva pronunciada, su padre señaló una enorme roca situada justo después de la curva sobre un terraplén alto, como si estuviera suspendida para caer en la carretera.

Con la visita de su padre aún fresca en su mente, el siguiente día inició temprano el viaje como estaba planeado. Al acercarse a la curva pronunciada vista con su padre la noche anterior, disminuyó la velocidad del auto y la tomó cautelosamente. Bloqueando la carretera, justo adelante, estaba la enorme roca que acababa de caer del terraplén. Según el contratista, habría chocado con la roca de no haber reducido la velocidad al acercarse a la curva. Él cree que la interacción con su padre salvó su vida.

Tal vez sin ser sorprendente, entre las estrategias de proyección astral más efectivas conocidas están las que usan el estado de sueño como vehículo para el viaje astral. Como hemos visto, el sueño no sólo promueve el viaje espontáneo fuera del cuerpo a destinos temporales distantes, también nos conecta con los difuntos que se convierten en nuestros compañeros de viaje. Nuestros estudios sugirieron repetidamente que el sueño puede romper la barrera de comunicación entre dimensiones; puede unir el conocimiento consciente con el reino espiritual y estimular las interacciones fuera del cuerpo directas con él.

Un concepto muy popular del sueño sostiene que éste en sí es un estado fuera del cuerpo, y que durante él, el cuerpo astral se separa del físico y flota suavemente durante el tiempo que dura el sueño. Dormir podría significar salirse del cuerpo. Una interrupción repentina del sueño puede terminar en un despertar súbito que podría ser explicado como una reconexión abrupta y prematura de lo astral con lo físico. Según esta visión, muchas de las experiencias oníricas, especialmente los sueños lúcidos caracterizados por ser levantados en el espacio, son experiencias de viaje fuera del cuerpo.

Debido a que el viaje fuera del cuerpo parece ocurrir espontáneamente durante el sueño, sería razonable pensar que estrategias controladas diseñadas para usar el estado de sueño, podrían facilitar el viaje astral deliberado a destinos designados, incluyendo temporales y espirituales. Es importante observar que el espacio para el viaje astral, usando cualquier procedimiento, debe ser seguro y estar libre de distracciones.

Estrategia de detención hipnagógica

Ya sea que el sueño sea un estado fuera del cuerpo o simplemente un estado conducente al viaje fuera del cuerpo, las estrategias que emplean el sueño han tenido mucho éxito en estimular el viaje astral. Una de las más efectivas es la estrategia de detención hipnagógica, que fue desarrollada en nuestro laboratorio para inducir el viaje durante el sueño a destinos designados, incluyendo el reino desencarnado (IT 47). El procedimiento está diseñado para detener la etapa hipnagógica del sueño —ese estado como hipnótico durante el cual la mente es particularmente receptiva a la sugestión—. Durante ese estado detenido, el procedimiento establece una condición mental que conduce al viaje fuera del cuerpo en el sueño.

Esta estrategia está basada en la premisa de que el sueño es un estado alterado normal en el que el cuerpo astral, como la encarnación de la conciencia, es receptivo al viaje a destinos predeterminados. Justo antes del sueño, el procedimiento designa un lugar en particular, y luego detiene la etapa inicial del sueño, llamada hipnagógica, durante la cual ocurre la proyección astral espontáneamente. Luego sigue el viaje astral a un destino designado. Al terminar la experiencia del viaje, podemos entrar espontáneamente en un estado de sueño tranquilo durante el cual el cuerpo astral permanece en su estado proyectado normal, o experimentar una reconexión de lo astral con lo físico para terminar en desvelo total.

Es importante leer el procedimiento completo antes de comenzar. Los pasos están bien definidos y deberían ser fáciles de seguir. A continuación está el procedimiento.

Paso 1. Preliminares

Antes de quedarse dormido, despeje la mente de todo pensamiento activo y, con los ojos cerrados, formule los objetivos del viaje, al mundo espiritual o a una realidad temporal lejana. Al fijar sus objetivos, sea lo más específico posible, pero no cierre la mente a otras experiencias. Su objetivo puede ser simplemente experimentar esas realidades espirituales o físicas que son actualmente relevantes para usted. Invite a sus guías personales para que lo acompañen durante todo su viaje astral. Ellos le brindarán protección y lo habilitarán para que se beneficie de la experiencia.

Paso 2. Examen del cuerpo

Mientras se prepara para entrar en el sueño tranquilo, examine mentalmente su cuerpo y libere toda tensión. Mientras yace acostado, preferiblemente de espaldas con las piernas separadas y las manos descansando a los lados, empiece el examen en la frente, y baje lentamente, permitiendo que la relajación penetre profundo en los músculos, articulaciones y tendones del cuerpo, desde la cabeza hasta los dedos de los pies. Siga el examen del cuerpo con imágenes pacíficas de un lugar especial, tales como una ensenada iluminada por la luna, una pradera tranquila o una playa retirada. Sumérjase en las imágenes hasta que se presente la somnolencia.

Paso 3. Extensión de los dedos

Cuando le dé sueño, extienda los dedos de cualquier mano y manténgalos en esa posición. Sentirá la tensión aumentando en su mano y pasando al brazo. Mientras está soñoliento, continúe manteniendo la posición extendida mientras la tensión en la mano aumenta.

Paso 4. Liberación de la tensión

Muy lentamente relaje los dedos mientras siente la tensión disipándose. Cuando los dedos estén más relajados, deje que la relajación se extienda sobre su mano y en el brazo. Luego permita que la relajación en la mano y el brazo pase lentamente por todo el cuerpo mientras le da cada vez más sueño.

Paso 5. Proyección astral

Con el cuerpo ahora relajado y listo para caer en un sueño tranquilo, sentirá la suave liberación de su cuerpo astral del físico. Dé suficiente tiempo para que se presente esa sensación proyectada de la conciencia. Fluya con la experiencia de estar fuera de su cuerpo —no se resista a ella—.

Paso 6. Viaje astral

Con el cuerpo físico en reposo y el cuerpo astral separado de él, ahora está listo para viajar a dondequiera que decida con el solo propósito. Reformule sus objetivos y afirme su intención de lograrlos por medio del viaje fuera del cuerpo. Para el viaje al reino espiritual, permítase experimentar la dimensión espiritual y comprender su relevancia actual en compañía de sus guías espirituales. Para viajar a realidades físicas lejanas espacialmente, afirme su propósito de ir ahí y beneficiarse de la experiencia. Para destinos no especificados, dese permiso de experimentar espontáneamente las realidades que sean relevantes para usted. Si es posible, forme un mapa cognoscitivo de su viaje y visualice su destino. Sea receptivo a las ayudas visuales que su conciencia provee en cooperación con sus guías personales para ayudar a dirigir el viaje. Recuerde que está seguro en compañía de sus guías personales.

¡Tome su tiempo para disfrutar la experiencia! Viaje libremente y sea receptivo a las interacciones que sean edificantes e iluminadoras. Aparte cualquier concepto preconcebido acerca de la proyección astral que pudiera ser una barrera para el viaje productivo. Las experiencias del viaje serán únicas para usted. No trate de ajustarlas a un juego de reglas impracticables acerca de las experiencias fuera del cuerpo.

Paso 7. Retorno astral

Al completar la experiencia del viaje astral, dese el permiso de regresar a su cuerpo físico para reconectarse inmediatamente a él y así despertar, o permanecer suspendido sobre él hasta que el desvelo y la reconexión se presenten más tarde.

Paso 8. Reflexión y resolución

Una vez que haya reconectado su cuerpo físico, tome su tiempo para reflexionar sobre la experiencia y su relevancia. Exprese su agradecimiento a los guías espirituales que lo acompañaron en la experiencia. Relacione la experiencia astral con su situación actual.

Paso 9. Diario

Lleve un diario de sus experiencias fuera del cuerpo.

Un estudiante universitario que usó la estrategia de detención hipnagógica para viajar fuera del cuerpo durante el sueño, reportó una interesante visita al reino desencarnado en el cual interactuó con Albert Einstein. Acompañado por su guía personal, visitó el reino espiritual con sus muchos planos y estructuras hermosas, incluyendo un lugar estilo jardín en el que Einstein conducía una discusión en grupo sobre la naturaleza de las múltiples dimensiones, incluyendo el mundo espiritual. Detrás de Einstein había una pantalla cóncava expansiva que él llenaba con fórmulas y cálculos complicados usando un puntero tipo láser para escribir en la pantalla. El estudiante, en su regreso, inmediatamente registró las conclusiones de Einstein como sigue:

Como pueden ver fácilmente en nuestros cálculos, la forma del tiempo como lo conocemos en este plano es sintomáticamente causada por la energía dominante de este plano conocido como luz, y puede ser inexistente o diferente en otros planos determinados por las formas de energía dominante y subdominante.

Cuidadoso de no revelar ninguna de las circunstancias relacionadas, compartí la cita con un colega, un profesor de física, quien respondió, "eso parece algo que diría Albert Einstein". Como podemos recordar, fue Einstein quien dijo, "lo más hermoso que podemos experimentar es el misterio; es la emoción fundamental que yace en la cuna del verdadero arte y la verdadera ciencia. El que no lo conoce y ya no siente asombro está casi muerto, una vela apagada".

En una visita astral posterior al mismo lugar que antes, el estudiante interactuó de nuevo con Einstein. Durante una discusión de la naturaleza eterna del trasmundo, Einstein dijo, "todos somos parte de una corriente interminable de vida que no tiene principio ni fin".

Al investigar sus visitas astrales, el estudiante descubrió la siguiente cita de Einstein quien, siendo un hombre joven, estaba luchando contra la depresión y enfermedad: "Me siento una parte de toda vida, que no estoy de ninguna manera preocupado por el principio o el fin de la existencia concreta de una persona en particular en esta corriente interminable".

Otra estudiante, una especialista en ciencias de la salud, usó la intervención del sueño para reunirse con su difunto esposo. Al entrar al reino espiritual, reconoció a su marido rodeado por una belleza espectacular. Se abrazaron y él expresó su profundo amor por ella y su hija que nació poco después de su muerte repentina. Llamó a la niña por su nombre y prometió protegerla, como lo había hecho desde su nacimiento.

Al investigar la estrategia de detención hipnagógica, decidí usarla yo mismo para visitar el otro lado. Entré con facilidad al estado fuera del cuerpo y viajé a lo que parecía ser una fiesta o celebración de algún tipo. Era una de muchas almas, de las cuales reconocí varias y sentí una afinidad especial. Entre las que llamaron mi atención estaba un compañero de clase que había muerto poco después de graduarse de la secundaria. Aparecía juvenil y lleno de vida como era antes de su muerte. Luego reconocí a un viejo amigo que había fallecido recientemente de cáncer pancreático al iniciar sus setentas. Sonriendo y brillando con un resplandor saludable, ahora se veía como en la flor de la vida, totalmente libre de los efectos de la enfermedad y el envejecimiento. Fue una reunión alegre que afirmó mi creencia en la muerte como una entrada a una vida más abundante con poder para restaurar las almas a sus puntos máximos de crecimiento pasado.

Juntos, los sujetos (incluyéndome a mí) que usaron la estrategia de detención hipnagógica para visitar el reino desencarnado, tuvimos experiencias consistentes con las de los sujetos de regresión a vidas pasadas que vimos anteriormente. Nosotros, al igual que ellos, quedamos asombrados de la magnificencia del reino desencarnado. Vimos planos de colores y formas de indescriptible belleza; experimentamos un estado sereno de completo equilibrio y armonía; interactuamos parientes y amigos difuntos; reconocimos especialistas que habían guiado nuestro crecimiento durante los intervalos de vidas entre vidas. Al regresar tuvimos un sentido renovado del propósito y la dirección de nuestra vida.

Procedimiento del parpadeo de los ojos

La segunda estrategia de proyección astral, llamada eye blink procedure (procedimiento del parpadeo de los ojos), utiliza el parpadeo de los ojos y técnicas de orientación innovadoras diseñadas para inducir el estado fuera del cuerpo y facilitar el viaje a destinos físicos o no físicos (IT 90). El procedimiento, que está basado en la investigación de Gene Chamberlain de la Parapsychology Research Foundation y probado en nuestros laboratorios, incorpora la visión remota como un ejercicio en un procedimiento diseñado para inducir la proyección astral. Ésta y la visión remota son similares en que ambas brindan información concerniente a realidades espacialmente lejanas. Sin embargo, son diferentes porque la proyección astral, a diferencia de la visión remota, incorpora la separación del cuerpo astral del físico y usualmente incluye una serie mucho más amplia de experiencias. Una vez que haya desarrollado sus capacidades de visión remota, la proyección astral será mucho más fácil de dominar.

Es importante leer el procedimiento completo antes de empezar. Los pasos son bien definidos y fáciles de seguir. A continuación está el procedimiento.

Paso 1. El marco

Escoja un área segura y tranquila que facilite caminar entre diversos objetos tales como mesas, sillas, sofás, aparatos y plantas. El típico marco casero con sala, comedor, habitación familiar y cocina conectados provee una situación excelente. Si hay disponible un área grande, es suficiente una sola habitación u oficina con espacio para caminar alrededor de los muebles. El marco debe incluir una silla reclinable o sofá cómodo para usar durante la proyección astral. Elija el camino específico que seguirá mientras camina, preferiblemente una ruta circular que incluya diferentes cosas para ver.

Paso 2. Caminar físicamente

Camine lentamente por el camino que escogió, poniendo atención especial a lo que ve a cada lado.

Paso 3. Visión y parpadeo de los ojos

Después de caminar varias veces por el área escogida, pare y coja un objeto bien definido, tal como una lámpara o un florero. Mire fijamente el objeto por unos segundos y luego cierre de golpe los ojos. En lugar de cerrarlos lentamente, hágalo como si fuera a parpadear. Haga de cuenta que le toma una foto al objeto con sus ojos. Con los ojos cerrados, observará que la postimagen del objeto permanece brevemente. Cuando la imagen desaparezca, abra los ojos y repita el ejercicio. Observará que cuando inicie este proceso, la imagen puede tornarse negativa. Esto cambiará con la práctica.

Paso 4. Formar impresiones mentales

Mientras sigue practicando el paso 3, notará que la postimagen del objeto escogido permanece con usted más tiempo. A medida que aumenta la duración de la imagen, observará que una impresión mental de la imagen permanece por unos momentos incluso después de que la imagen misma se disipa. Desarrollar esto requiere práctica, posiblemente varios minutos. Pruebe su eficacia volteando la cabeza para ver si la impresión mental permanece. Cuando la impresión de la imagen persista, estará listo para seguir con el siguiente paso.

Paso 5. Caminar y parpadeo de los ojos

Reanude su recorrido por el área que escogió como ruta. Mientras sigue caminando, cierre de golpe los ojos repetidamente por un segundo, luego ábralos por un segundo siempre mirando hacia adelante. Cuidadosamente ajuste su ritmo de parpadeo y paso para que no tropiece o choque con algo. Al iniciar esta rutina probablemente verá las imágenes en su imaginación como estacionarias. Después de varias veces alrededor y posiblemente más de una sesión, notará que cuando los ojos están cerrados, los objetos continúan moviéndose para que sus ojos puedan estar cerrados más tiempo antes de que el movimiento pare. Sabrá que domina esto cuando los objetos que visualizó estén junto a usted cuando abra los ojos.

Paso 6. Caminar mentalmente

Habiendo dominado el paso 5, encuentre un lugar cómodo para reclinarse o acostarse con los pies separados y las manos descansando a los lados. Mientras se relaja, haga el viaje completo mentalmente con los ojos cerrados. Mientras camina mentalmente por su área escogida, ponga atención especial a los detalles conocidos a lo largo del camino. Obsérvelos desde diferentes perspectivas mientras se siente caminando entre ellos.

Paso 7. Visión remota

Mientras permanece relajado con los ojos cerrados, escoja un lugar lejano conocido y véalo remotamente. Ponga atención especial a los detalles específicos del sitio distante que está visualizando. Dese mucho tiempo para que el lugar surja en total detalle.

Paso 8. Proyección astral

Habiendo visto remotamente un lugar lejano, ahora está listo para viajar fuera del cuerpo. Con los ojos cerrados, una vez más camine mentalmente por su camino escogido. Vea en detalle el marco mientras se mueve entre sus muebles. Mientras continúa este ejercicio mental, empezará a sentirse literalmente caminando fuera del cuerpo a través de la habitación, maniobrando entre los muebles y observando objetos con mayor detalle. Luego sentirá que puede viajar fuera del cuerpo fuera de la habitación para experimentar de primera mano otros entornos, incluyendo el lugar que vio remotamente en el paso 7. Ahora está listo para salir y viajar a ese sitio. Dese mucho tiempo para ir al lugar, y una vez ahí, adicione a su conciencia sensaciones tales como oír y tocar. Permanezca en ese lugar suficiente tiempo para que tenga una sensación plena de su presencia ahí.

Paso 9. Viaje distante

Ahora puede viajar a lugares en los que no ha estado físicamente. Observe su sentido de libertad y control. Con la sola intención, puede viajar en cualquier dirección al sitio que escoja. Su destino puede incluir realidades físicas y espirituales. Puede viajar a lugares distantes conocidos o a sitios totalmente desconocidos para usted. Puede observar a otros, incluyendo más viajeros astrales, y posiblemente interactuar con ellos. Puede conectarse con el reino espiritual, de nuevo con la sola intención. Puede interactuar con sus guías espirituales y otras entidades en ese reino. Puede experimentar la magnífica belleza de esa dimensión y los recursos de desarrollo que brinda.

Paso 10. El retorno

Para regresar a su cuerpo físico y reconectarse con él, regrese primero al lugar conocido que visitó antes, y desde ahí a su cuerpo físico en reposo. Dese tiempo suficiente para introducirse en su cuerpo, reconectándose completamente. Cuando perciba sensaciones tales como la respiración, ritmo cardiaco y peso, sabrá que está de regreso en su cuerpo.

Paso 11. Resolución y verificación

Por unos momentos reflexione sobre sus experiencias fuera del cuerpo. Examine la relevancia de las experiencias, especialmente sus visitas al reino espiritual. Verifique todo lo posible lo que experimentó durante el viaje astral.

En un estudio de tres fases conducido en nuestros laboratorios, veinte voluntarios usaron el procedimiento del parpadeo de los ojos para desarrollar sus capacidades de visión remota y proyección astral, aunque las líneas que separan estas dos capacidades son a veces vagas (IT 82). La fase I estudió la utilidad del procedimiento para la visión remota; la fase II estudió la eficacia del procedimiento como una estrategia de viaje fuera del cuerpo; la fase III investigó la capacidad de la estrategia para inducir el viaje astral al reino del trasmundo.

Bajo condiciones controladas, varios de nuestros sujetos en la fase I pudieron usar la visión remota para ver fotografías que nunca habían observado antes, incluyendo una erupción volcánica, un barco crucero y la escena de un bosque cubierto de nieve. Las fotografías fueron puestas boca abajo sobre una mesa en el interior de una bodega ubicada detrás de las oficinas de Parapsychology Research Foundation, por un asistente de la investigación que no estuvo presente para el experimento. De los veinte sujetos que participaron en el experimento, once describieron con precisión la erupción volcánica, trece describieron con precisión el crucero, y nueve identificaron con exactitud el bosque cubierto de nieve. Ocho de los sujetos describieron con precisión las tres fotografías.

En una segunda fase del estudio, todos los sujetos que habían participado en la fase de visión remota usaron el procedimiento de parpadeo de los ojos para viajar astralmente a un lugar espacialmente lejano de su elección. Todos los participantes afirmaron haber tenido éxito en viajar fuera del cuerpo al destino escogido, que cada uno describió con considerable detalle.

En la fase final del estudio, los veinte sujetos debían viajar fuera del cuerpo al reino del trasmundo. Ninguno recibió información concerniente a la naturaleza de ese reino o cómo podrían separarse de la realidad física para experimentarlo de manera diferente a las técnicas detalladas en el paso 9 del procedimiento del parpadeo de los ojos. Todos los participantes en esta fase reportaron éxito al viajar a lo que creían era el trasmundo. Usaron diversas estrategias para entrar a ese reino, incluyendo afirmaciones, imágenes e incluso consultas con sus guías espirituales.

Las descripciones reportadas sobre el trasmundo fueron variadas, pero con ciertas características comunes, que fueron consistentes con los estudios de vidas pasadas usando el EM/RC y el corredor de vidas pasadas. Al entrar al reino, todos ellos reportaron su asombro por la incomparable belleza. Fueron cubiertos por una luz suave mientras veían el trasmundo extendiéndose interminablemente frente a ellos. Se sintieron como una parte de ese reino y no dudaron en unirse a él. Experimentaron una "unidad conectada a él", un término comúnmente usado por ellos, y un fuerte sentido de pertenencia. Interactuaron libremente con otras almas, y al igual que nuestros sujetos de regresión, varios experimentaron el más allá como un "regreso a casa" en el que fueron recibidos cálidamente. Todas las almas fueron vistas como seres atractivos. Algunos de los sujetos reconocieron sus guías personales además de individuos que habían conocido en esta vida. Al igual que los sujetos en regresión, los viajeros astrales experimentaron diferentes formas de energía hermosas, incluyendo los espíritus de animales. El amor auténtico e incondicional prevalecía en todo el reino espiritual.

Las descripciones hechas por los viajeros astrales de las características estructurales del mundo espiritual fueron igualmente similares a las descripciones de los sujetos de regresión. Vieron hermosos planos de colores, y varios de nuestros sujetos se conectaron a ellos para experimentar sus frecuencias de poder. Uno de nuestros sujetos interactuó con un plano verde esmeralda de energía radiante que consideró de naturaleza curativa. Otro sujeto visitó un plano azul radiante con frecuencias que describió como pacíficas y serenas. Estos descubrimientos son consecuentes con nuestra anterior investigación que encontró que la interacción astral con planos espirituales de colores terminaba en efectos consistentes con esas frecuencias de color (vea mi libro *Astral Projection and Psychic Empowerment*, sólo publicado en Inglés).

Algunos de nuestros sujetos visitaron hermosos jardines con fuentes de energía fluida y otros lugares exquisitamente diseñados en los que las almas se reunían para ser iluminadas y tomar energía de crecimiento que infundían estos sitios especiales. En ninguna parte nuestros sujetos experimentaron la dominación de almas superiores —prevalecían la unidad y la igualdad—. La maldad, amenaza, peligro y opresión no fueron encontrados en ningún lado.

Al terminar su excursión en el trasmundo y regresar al cuerpo físico, nuestros sujetos sintieron que habían traído un nuevo conocimiento del trasmundo. Algunos de ellos reexaminaron sus conceptos de la muerte y la vida venidera. Concluyeron que la muerte es una rica transformación después de la cual nuestro crecimiento alcanza nuevos niveles de iluminación y realización alegre.

Excursión astral

A lo largo de este libro, he recalcado el *amor verdadero* como la fuerza más poderosa en el universo. El amor verdadero activa nuestra evolución, asegura nuestra inmortalidad y enriquece nuestra existencia cotidiana.

Después del amor verdadero está el poder de la *imaginación*. Como lo dijo Albert Einstein, la imaginación es más poderosa que el conocimiento; es la imaginación la que da origen al conocimiento. ¿Cómo sería el mundo hoy sin la brillante imaginación de Thomas A. Edison, los hermanos Wright y Henry Ford?

Las imágenes mentales son la base de la imaginación. Por medio de ellas, podemos construir poderosas estructuras dentro de las cuales alcanzamos nuestras metas más altas. Imaginar nuestras metas es el primer paso para alcanzarlas; es la imagen que vale mil palabras.

Aunque el viaje fuera del cuerpo es parte de la realidad, y no de la imaginación, los procedimientos más efectivos para inducirlo usan imágenes. Si usted visualiza su cuerpo astral separándose del cuerpo físico para viajar a otros lugares, va por el camino al viaje astral. Y si visualiza el destino de su viaje astral, está en camino a alcanzarlo. La excursión astral está basada en esta sencilla premisa doble.

La excursión astral fue diseñada para promover la forma más elevada de viaje astral: interacciones fuera del cuerpo con planos astrales superiores (IT 83). Por medio de este procedimiento, podemos conectarnos activamente con diversos planos astrales e interactuar con entidades astrales avanzadas, incluyendo guías espirituales, maestros y otros facilitadotes del crecimiento. Son seres amorosos y humanitarios que esperan nuestra interacción, listos constantemente para acompañarnos y guiar nuestros viajes entre diferentes planos en el reino espiritual.

Antes de iniciar la excursión astral, es importante que se familiarice con el procedimiento completo. Reserve aproximadamente una hora para el procedimiento que es desarrollado en un lugar tranquilo, seguro y cómodo. A continuación está el procedimiento.

Paso 1. Imágenes de las metas

Mientras yace en una posición cómoda, reclinado o postrado con las piernas separadas y los brazos descansando a los lados, cierre los ojos y reflexione sobre sus metas. Formule sus objetivos, generales y específicos. Si es posible, visualice sus metas como realidades positivas. Por ejemplo, si su objetivo es viajar entre planos cósmicos distantes y tomar energía de ellos, visualice los diferentes planos y a usted mismo conectándose e interactuando con ellos.

Paso 2. Relajación física

Con los ojos cerrados durante el resto del procedimiento, relaje su cuerpo mermando el ritmo de la respiración y luego examinando mentalmente el cuerpo de la cabeza hacia abajo, liberando toda tensión mientras el cuerpo se torna flojo. Para profundizar el estado relajado, visualice un paisaje que sea particularmente relajante para usted —un lago tranquilo, montañas a la distancia, una pradera dorada o un entorno iluminado por la luna, para mencionar sólo unas posibilidades—.

Paso 3. Afirmación

Con el cuerpo ahora relajado, afirme su propósito de viajar fuera del cuerpo para interactuar con el mundo espiritual y experimentar su relevancia para sus metas fijadas. Afirme la presencia de su guía espiritual personal como su compañero y protector durante toda la experiencia.

Paso 4. Inducción

Induzca el estado fuera del cuerpo visualizando primero su cuerpo físico en reposo. Tome suficiente tiempo para formar una imagen bien clara de su cuerpo en reposo, observando sus características físicas y su estado totalmente relajado. Con la imagen de su cuerpo físico clara en su mente, sienta su doble astral como una forma de luz brillante elevándose lentamente de su cuerpo y llevándose su conciencia. Perciba la sensación de separación y liberación mientras asciende. Desde la posición fuera del cuerpo, puede de nuevo ver su cuerpo abajo en reposo. Sumérjase completamente en la experiencia de estar fuera del cuerpo.

Paso 5. Conexión astral

Ahora está listo para viajar al reino espiritual. Reafirme su propósito de explorar reinos astrales distantes y conectarse a sus poderes en compañía de sus guías ministradores. En este punto, visualice la dimensión espiritual y experiméntela. Se sentirá realmente conectado al reino espiritual y volviéndose parte de él.

Paso 6. Infusión de amor

Al conectarse con el mundo espiritual, observe la maravillosa infusión de amor cósmico, la fuerza más poderosa en el universo. No puede conectarse al mundo espiritual sin experimentarlo. Llénese de él para habilitar todo su ser. Recuerde que el amor es el elemento esencial de su evolución espiritual.

Paso 7. Interacciones personales

Las reuniones alegres con amigos, parientes y animales fallecidos a menudo ocurren en este estado de infusión de amor, usualmente en presencia de su guía personal junto con otros guías. Estas interacciones son invariablemente edificantes para todos los involucrados.

Paso 8. Interacción con los planos cósmicos

En compañía de sus guías ministradores, ahora puede interactuar con los múltiples planos de color del reino espiritual. Enfoque su atención en ellos, y conéctese a ellos a voluntad con la sola intención. El color de cada plano indica sus propiedades especializadas.

Para iluminación espiritual, conéctese con el plano violeta; para equilibrio y armonía, conéctese con el plano azul; para curación mental, física y espiritual, conéctese con el plano verde; para crecimiento intelectual y aprendizaje, conéctese con el plano amarillo; para sus necesidades motivacionales y de seguridad, conéctese con el plan anaranjado; y para una rápida infusión de energía, conéctese con el plano rojo. Permanezca en cada plano el tiempo que necesite para experimentar plenamente sus propiedades.

Paso 9. Retorno y reconexión

Para finalizar la excursión y regresar a su cuerpo físico, afirme su propósito y enfoque la atención en el cuerpo en reposo en su marco conocido. La sola intención es suficiente para terminar el viaje y reconectarse con el cuerpo físico. Una vez en presencia de su cuerpo, véalo de nuevo en reposo y entre a él lentamente. Sensaciones tales como hormigueo, calor o frío, peso y respiración señalan una total reconexión astral/biológica.

Paso 10. Resolución y conclusión

Reflexione sobre la experiencia y considere sus efectos edificantes. Observe su sensación de bienestar y poder personal. Recuerde sus objetivos como los formuló previamente, y reafirme los resultados benéficos de sus viajes fuera del cuerpo con sus propias palabras. Estos son algunos ejemplos: *estoy en mi punto más alto mental, física y espiritualmente; mi vida está llena de amor y poder; estoy envuelto en paz y tranquilidad; estoy habilitado para alcanzar mis metas más altas.* Puede concluir el procedimiento con afirmaciones de relevancia global, de nuevo con sus propias palabras. Ejemplos son: *estoy comprometido a ayudar a otros y hacer del planeta un mejor lugar; trabajaré por terminar el hambre, la pobreza y las enfermedades; usaré mis recursos para prevenir el sufrimiento y abuso de humanos y animales.*

En nuestros laboratorios, incorporamos el viaje astral al reino espiritual en los estudios de rejuvenecimiento, salud y buena condición física, y funciones intelectuales tales como la memoria y soluciones de problemas (IT 84, IT 85, IT 86). Nuestros estudios encontraron que las interacciones fuera del cuerpo con planos cósmicos verdes parecían retrasar el envejecimiento y en algunos casos revertir sus efectos visibles. Aquellos que se cubrieron de energía verde radiante, quedaron convencidos de que habían sido infundidos con energía que resiste el envejecimiento. Pacientes en nuestro programa de manejo del dolor que usaron técnicas fuera del cuerpo para controlar el dolor, descubrieron que interactuar con planos de energía verde no sólo disminuyó la intensidad del dolor, sino que también aceleró la curación.

En el caso de los sujetos que interactuaron con planos de energía amarilla, el desempeño en las pruebas de memoria y solución de problemas mejoró dramáticamente. Muchos de ellos empezaron a usar la técnica regularmente, en especial antes de los exámenes, para mejorar su rendimiento académico. Atribuyeron el aumento en el promedio de las calificaciones al uso continuo del procedimiento, un reflejo de los beneficios prácticos de las experiencias fuera del cuerpo guiadas.

Resumen

La proyección astral es una de las formas más directas conocidas para experimentar el mundo espiritual. Por medio de la hipnosis y la regresión a vidas pasadas, podemos viajar interiormente para recuperar experiencias importantes de nuestro pasado más lejano, incluyendo nuestra preexistencia, vidas pasadas y vidas entre vidas. Esas experiencias están almacenadas dentro de nosotros como parte de nuestra evolución como almas. Por medio de estrategias tales como Interfacing y table tipping, podemos interactuar con el reino desencarnado como existe actualmente.

A través de la proyección astral, podemos extender más nuestra búsqueda de nuevo conocimiento y poder personal. Podemos viajar exteriormente para experimentar de forma directa el mundo espiritual y tener acceso a sus abundantes recursos. Podemos interactuar con seres queridos desencarnados, maestros expertos y guías. Podemos bañarnos en piscinas celestiales de energía revitalizante y rejuvenecedora. Podemos tomar múltiples poderes de los muchos planos de color y usarlos para alcanzar nuestras metas más altas.

Por medio de la proyección astral junto con las otras estrategias presentadas en este libro, nada está fuera de nuestro alcance. Si alguna vez ha soñado con elevarse a la gran riqueza del cosmos, puede hacerlo ahora. Puede descubrir un nuevo significado para su vida en el presente y las magníficas realidades que lo esperan en el futuro. Ahora puede dar ese salto extraordinario al más allá grandioso.

INFORMES TÉCNICOS

IT 2   "Rejuvenation: How to Live Longer and Better," 1964.

IT 3   "The Past-life Corridor Procedure," 1976.

IT 4   "Investigations into Kirlian Photography," 1977. (Patrocinado por U.S. Army)

IT 5   "Eye Movement, Reverse Counting, and Other Induction
Procedures," 1976.

IT 7   "Spirit Guides: Their Roles and Functions," 1988.

IT 8   "Case Studies Using EM/RC/Reverse Counting Trance Induction," 1990.

IT 9   "The Kirlian Connection," 1985. (Patrocinado por Parapsychology Foundation, NY)

IT 12   "Hypnosis and Hypnoproduction," 1982.

IT 16   "The Nature of Preexistent Life," 1999.

IT 18   "Preexistence: A Case Study Approach," 2000.

IT 19   "Preexistence and Its Current Relevance," 2001.

IT 20   "Kirlian Photography and Past-life Regression," 1990.

IT 27   "Interfacing: Probing the Afterlife," 1982.

IT 28   "The Legend of Bart," 1987.

IT 31   "Past-life Regression: Interviews with Past-life Regression Subjects," 1997.

IT 33   "Past-life Regression: Interviews with Past-life Hypnotists," 2002.

IT 41   "Rejuvenation: Forever Young," 1999.

IT 42   "The Nature of Spiritual Interaction in Preexistence," 1993.

IT 44   "Life Without Borders: The Preexistence Experience," 1997.

IT 47   "Hypnagogic Arrest Strategy: Procedures and Applications," 1987.

IT 49   "Table Tipping on Founders Green," 1991.

IT 52   "Case Studies: Life-between-lifetimes," 1995.

IT 53   "Life-between-lifetimes and Preexistence: A Comparative Study," 1998.

IT 54   "Life-between-lifetimes: A Self-Discovery Approach," 1998.

IT 55   "The Green Sphere: Exploring Its Healing Properties," 1987.

IT 64   "OBEs: Case Studies," 1995.

IT 66   "Preservation of Peak Growth," 2002.

IT 71   "ESP and Past-life Regression," 1998.

IT 72   "Doors: Strategies for Developing ESP," 2001.

IT 74   "Table Tipping over the Caribbean," 2002.

IT 81   "Interfacing: Real-Life Applications," 1995.

LECTURAS SUGERIDAS

Andrews, T. (2002). *How to Uncover Your Past Lives*. St. Paul, MN: Llewellyn Publications.

Bromiley, G. W. (1978). *Historical Theology*. Grand Rapids, MI: William B. Eerdmans Publishing Company.

Cockell, J. (1996). *Past Lives, Future Lives*. New York: Simon & Schuster.

Denning, M. and O. Phillips. (1994). *Astral Projection: The Out-of-Body Experience*. St. Paul, MN: Llewellyn Publications.

Durant, W. (1939). *The Life of Greece*. New York: Simon and Schuster.

Fisher, J. (1984). *The Case for Reincarnation*. New York: Bantam.

Freeman, J. (1986). *The Case for Reincarnation*. Unity Village, MO: Unity Books.

Freedman, D. N. (1992). *The Anchor Bible Dictionary*, Vol. 6. New York: Doubleday.

Head, J. and S. Cranston. (1979). *Reincarnation: The Phoenix Fire Mystery.* New York: Warner Books.

Moody, R. (1991). *Coming Back: A Psychiatrist Explores Past-life Journeys.* New York: Bantam Books.

——. (1976). *Life After Life.* New York: Bantam Books.

Newton, M. (2000). *Destiny of Souls.* St. Paul, MN: Llewellyn Publications.

——. (1995). *Journey of Souls.* St. Paul, MN: Llewellyn Publications.

——. (2004). *Life Between Lives.* St. Paul, MN: Llewellyn Publications.

Paulson, G. (1994). *Meditation and Human Growth: A Practical Manual for Higher Consciousness.* St. Paul, MN: Llewellyn Publications.

Puryear, H. B. (1982). *The Edgar Cayce Primer.* New York: Bantam Books.

Redfield, J. (1996). *The Tenth Insight.* New York: Warner Books.

Rossetti, F. (1992). *Psycho-Regression: A New System for Healing & Personal Growth.* York Beach, ME: Weiser.

Slate, J. (1998). *Astral Projection and Psychic Empowerment: Techniques for Mastering the Out-of-Body Experience.* St Paul, MN: Llewellyn Publications.

——. (1988). *Psychic Phenomena: New Principles, Techniques and Applications.* Jefferson, NC: McFarland & Co.

——. (1995). *Psychic Empowerment: A 7-day Plan for Self-Development.* St. Paul, MN: Llewellyn Publications.

——. (1996). *Psychic Empowerment for Health and Fitness.* St. Paul, MN: Llewellyn Publications.

——. (2002). *Psychic Vampires: Protection from Energy Predators and Parasites.* St. Paul, MN: Llewellyn Publications.

——. (2001). *Rejuvenation: Strategies for Living Younger, Longer & Better.* St. Paul, MN: Llewellyn Publications.

——. (1991). *Self-Empowerment: Strategies for Success.* Bessemer, AL: Colonial Press.

Sutphen, T. (1993). *Blame It On Your Past Lives.* Malibu, CA: Valley of the Sun Publishing.

TenDam, H. (1987). *Exploring Reincarnation.* London: Penguin.

Tompkins, P. and C. Bird. (1989). *The Secret Life of Plants.* New York: Harper & Row.

Webster, R. (2001). *Soul Mates.* St. Paul, MN: Llewellyn Publications.

Weiss, B. (1988). *Many Lives, Many Masters.* New York: Simon & Schuster.

Wilson, C. (1971). *The Occult: A History.* New York: Random House.

GLOSARIO

Amor auténtico: Un estado de amor puro, a veces llamado amor verdadero.

Aura: El sistema energético externo que envuelve a todas las cosas vivas. Vea Aura humana.

Aura humana: El campo energético externo del cuerpo humano que se cree es una manifestación del núcleo central del sistema energético interno.

Autohipnosis: El estado hipnótico autoinducido en el cual aumenta la receptividad a nuestras propias sugestiones.

Clarividencia: Percepción psíquica de realidades espacialmente lejanas. Vea Percepción extrasensorial.

Concepto espiritual del mundo: Una visión de la realidad que da énfasis a lo espiritual sobre lo secular.

Concepto secular del mundo: Una visión de la realidad que da énfasis a lo secular sobre lo espiritual.

Conservación del crecimiento máximo: Un fenómeno en el que nuestro punto máximo de desarrollo pasado es recuperado en la muerte.

Cordón de plata: El mecanismo de apoyo que conecta el cuerpo físico con su contraparte astral durante la proyección astral.

Corredor de vida pasada (Past-life corridor): Una estrategia usada para explorar nuestra existencia pasada, incluyendo la preexistencia, vidas pasadas y vidas entre vidas.

Déjà vu: Un fenómeno en el que nuevos sucesos parecen conocidos o como si ya hubieran sido experimentados antes.

Diario de vidas pasadas: Un registro escrito de nuestras experiencias en vidas pasadas.

Doors: Una estrategia que acentúa las imágenes, elección y autodeterminismo para adquirir información psíquica, especialmente de naturaleza precognitiva.

Efecto de declinación: En la fotografía del aura, la disminución de brillantez de las imágenes tomadas.

Electrofotografía: Vea Fotografía Kirlian.

Escritura automática: Una estrategia en que ocurre la escritura espontánea o involuntaria para revelar información, típicamente del subconsciente.

Estrategia de detención hipnagógica: Un procedimiento que usa la etapa hipnagógica del sueño para inducir el viaje fuera del cuerpo.

Excursión astral: Un procedimiento de inducción fuera del cuerpo diseñado específicamente para estimular el viaje astral al reino espiritual.

Extensión del alma: La capacidad del alma de abarcar muchas vidas en el proceso de evolución.

Fenómeno de imagen remota: En la fotografía del aura, una imagen que aparece fuera del alcance normal de la actividad del aura.

Fotografía del aura: Cualquier procedimiento que fotografíe el aura. Vea Fotografía Kirlian.

Fotografía Kirlian: Un procedimiento electrofotográfico diseñado para fotografiar el campo electromagnético que envuelve todas las cosas vivas.

Genotipo biológico: La constitución genética del cuerpo físico, incluyendo genes dominantes y recesivos. Vea Genotipo cósmico.

Genotipo cósmico: Composición espiritual o cósmica única de cada individuo, que permanece igual de vida a vida. También conocido como genotipo espiritual.

Genotipo espiritual: Vea Genotipo cósmico.

Hipnoproducción: Un estado hipnótico en el que surgen nuevas capacidades altamente desarrolladas.

Hipnosis: Un estado de trance en el que aumenta la receptividad a la sugestión.

Hipnoterapia: El uso de la hipnosis para propósitos terapéuticos.

Identidad cósmica: Identidad espiritual única del alma, que existe perpetuamente. Vea Genotipo cósmico.

Iluminación de vidas pasadas: Un aumento en la brillantez de las imágenes de auras obtenidas fotográficamente durante la regresión a vidas pasadas.

Interfacing: Un procedimiento en grupo diseñado para unir el reino físico con el espiritual.

Karma: En general, la fuerza generada por las acciones de una persona.

Lenguaje cósmico: El lenguaje universal del reino espiritual.

Manifestación desencarnada: Cualquiera de una miríada de manifestaciones del reino desencarnado, incluyendo fantasmas y fenómenos paranormales.

Movimiento de la mesa: En el table tipping, el significado de diversos movimientos de la mesa, incluyendo inclinación, vibraciones y una levitación total de la mesa.

OBE (out-of-body experience): Vea Proyección astral.

Parapsicología: Un campo de estudio que tiene que ver con la percepción extrasensorial, psicoquinesia y otros fenómenos inexplicados o paranormales.

Percepción extrasensorial: Percepción que ocurre independientemente de los mecanismos o procesos sensoriales.

Precognición: Percepción extrasensorial de sucesos futuros.

Preexistencia: Nuestra existencia antes de la primera encarnación en la tierra.

Preparación encarnada: Un proceso de preparación en el reino espiritual para la encarnación en el plano terrenal.

Procedimiento del parpadeo de los ojos: Un procedimiento que incorpora parpadeos de los ojos para inducir la visión remota y la proyección astral.

Procedimiento EM/RC: Un procedimiento de inducción al estado hipnótico que usa movimientos controlados de los ojos y cuenta regresiva.

Proyección astral: La experiencia de estar en un lugar fuera del cuerpo físico con la conciencia intacta. También conocida como experiencia fuera del cuerpo (OBE; -out-of-body experience), viaje astral y viaje del alma.

Psicoquinesia: (PK): La capacidad de influenciar objetos, sucesos y procesos sin la intervención de la energía física o instrumentación intermediaria.

Psíquico en trance: Un psíquico que entra en el estado hipnótico durante las lecturas.

Regresión a la preexistencia: Regresión a nuestra existencia antes de la primera encarnación.

Regresión a vidas entre vidas: Un estado hipnótico en el que experimentamos nuestra existencia en el reino espiritual entre vidas.

ÍNDICE

Correspondencia al autor

Para contactar o escribirle al autor, o para mayor información sobre este libro, envíe su correspondencia a Llewellyn Español para serle remitida al mismo. La casa editorial y el autor agradecen su interés y sus comentarios sobre la lectura de este libro y sus beneficios obtenidos. Llewellyn Español no garantiza que todas las cartas enviadas serán contestadas, pero le asegura que serán remitidas al autor.

Joe Slate Ph.D.
℅ Llewellyn Worldwide
2143 Wooddale Drive, Dept. 0-7387-0911-5
Woodbury, MN 55125-2989 U.S.A.
Incluya un sobre estampillado con su dirección y $US 1.00
para cubrir costos de correo. Fuera de los Estados Unidos
incluya el cupón de correo internacional.

Muchos autores de Llewellyn poseen páginas en Internet con información adicional. Para mayor información, visite nuestra página:

http://www.llewellynespanol.com.

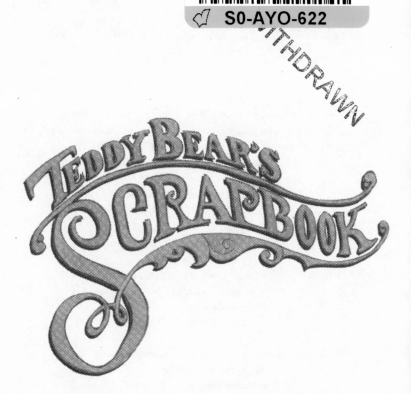

Deborah and James Howe
Illustrated by Timothy Bush

ALADDIN PAPERBACKS

New York London Toronto Sydney Singapore

With love to Lee Arthur and Lonnelle Howe

Third Aladdin Paperbacks edition, June 2001

Text copyright © 1980 by James Howe
Illustrations copyright © 2001 Timothy Bush
Aladdin Paperbacks
An imprint of Simon & Schuster
Children's Publishing Division
1230 Avenue of the Americas
New York, NY 10020

First Aladdin Paperbacks edition 1987
Second Aladdin Paperbacks edition 1994
Printed and bound in the United States of America
4 6 8 10 9 7 5 3
Library of Congress Cataloging-in-Publication Data
Howe, Deborah.
Teddy Bear's scrapbook / Deborah and James Howe;
illustrated by David S. Rose—2nd Aladdin Books ed.
p. cm.
Summary: One boring rainy afternoon Teddy Bear decides to bring out
his scrapbook, which contains photographs and newspaper clippings
from his long and illustrious past.
[I. Teddy bears—Fiction.] I. Howe, James, date. II. Rose, David S., date, ill. III.
Title.
PZ7.H836Te 1994
[Fic]—dc20   93-20919
ISBN 0-689-84483-2

Teddy Bear

CONTENTS

TEDDY BEAR'S SCRAPBOOK

ONE DAY, after it had been raining for a long, long time and I had colored all the pictures in my coloring book, played jacks, dressed my dolls in all their different clothes, read two stories and eaten thirteen cookies, there was NOTHING left to do. It was *that* day that Teddy Bear suggested we look at his scrapbook. Now, I didn't know he even *had* a scrapbook, but, "Oh yes," he said, "I've had

1

this old scrapbook for years. I've just never mentioned it before." He told me it had been in the same trunk in the attic where I had found him that first day we moved into this old house.

"I remember finding you," I said. "What a surprise to open up that old chest and find a teddy bear right on top. You smelled like mothballs!" Teddy giggled. "But I don't remember seeing a scrapbook."

"It was hidden under a blanket," he answered. "I waited until you went to sleep. Then I crept upstairs and sneaked the scrapbook down behind my back. I tiptoed across the floor to your dresser, pulled open your bottom drawer ('cause that was the only one I could reach), and dropped it in. Then I stuck a whole lot of stuff on top of it so you wouldn't notice."

"Why are you going to show it to me now?" I asked.

"Because," he replied, "you need cheering up. You have that 'I'm getting cranky' look, and if you get cranky, I won't have anybody to play with—and that would be no fun at all."

So I walked over to the dresser, opened the bottom drawer, and fished through pajamas and nightgowns until I found it. I pulled out a small, flat, dusty album. The cover was red leather, faded and old-looking, with gold trim around the border and gold lettering in the center that said:

Teddy Bear's Scrapbook

Teddy said, "Hurry up and bring it back to the bed so I can see too. And I'll show you pictures of my life—some of which may surprise you."

I ran to the bed, put Teddy on my lap so we both could see, and opened the album to the first page.

Jackson Hole, WY.

TEDDY ON THE RANGE

"AH YES, this was when I went to Jackson Hole, Wyoming, to work on a ranch."

"Were you really a cowboy?" I asked in amazement.

"Sure. I rounded up cattle and found rustlers, and at night I sat around the campfire with the other cowboys and ate beans."

"Oh my," I said. "I had no idea. Why aren't you a cowboy anymore?"

Teddy was silent for a moment, then he replied softly, "That's a sad story. Are you sure you want to hear it?"

I nodded, and he cleared his throat.

"Well," he began, a faraway look in his eyes, "the rancher had a beautiful daughter—with golden hair as bright as the sun—who loved me very much. I didn't particularly encourage her affection, but you must admit I was a pretty handsome fellow in my cowboy gear."

I had to admit he was, even though his hat made his ears fold over on top of themselves.

"I guess the poor girl couldn't help herself," he went on. Here Teddy sighed deeply, more I think in remembering himself as a dashing young cowboy, than in any fond recollection of the rancher's daughter. "As I say, I went about my business without paying her the slightest bit of attention. Every day I got up at the crack of dawn, said good morning to ol' Nell—"

"Nell? Who's Nell?" I wanted to know.

Teddy pointed to the picture.

"Ah, your horse."

"Yes, my horse. But more than just a horse. Nell was a champion—a one-and-only . . . a . . . a horse's horse!"

"She looks a little swayback to me," I said quietly.

"That may be true," Teddy answered in a way that could have been described as between his teeth if he'd had any, "but that was only because she was old. In her day, she'd been the pride of the stable. When I joined up at the Triple R-Knot Ranch, they were all set to put her out to pasture. But I said, 'No, that's the horse for me.' It was a look in her eye, I guess, a look that said, 'Don't put me out to pasture—not yet—just give me a little more time to run—to feel the free, fresh wind in my mane. . . .'"

I looked at the picture. Nell's eyes sure didn't tell *me* that! If anything, they said, "Take me out to pasture . . . *please!*"

"So Nell and I became fast friends. And as I said, each morning I'd get up, say 'Good morning, Nell,' saddle her up, and we'd be on our way to our round of chores. Checkin' the irrigatin' ditches, ridin' herd, brandin' the new steer with the Triple R-Knot brand, which looked somethin' like this—"

Teddy pointed to the bottom of the page in the scrapbook, and sure enough, there was the Triple R-Knot brand, scorched onto the paper.

"And then after a while, we'd take a checkers and root beer break." Teddy paused and looked down, with a furrowed brow. "Nell always beat me at checkers. I never could figure that out." He looked at me, and I shrugged.

"I guess she just had horse sense," I said.

Teddy looked right through me, as if a response wasn't even worth the bother.

"Then back to work, work, work. Until sunset. And then beans. And then bed. Oh, it was a hard life, all right. Don't be fooled by people tellin' you how glamorous it is to be a cowboy."

"I won't," I promised. "But what about the girl? The rancher's daughter with the hair so bright you could hardly stand to look at it?"

"Oh yes, well, I was coming to her. That all has to do with the rodeo."

"A rodeo?" I shrieked. "Were you in a rodeo?"

"Yes, yes, yes. Now, calm down, or I won't tell you the rest." I calmed down immediately. "Every year the rodeo came to town—the big one, not the little ones like they had every day of the week—but the one with the big stars, and the fancy horses, and all that. And every year, one cowboy from each of the ranches in Jackson Hole got to go and ride in the bronco-bustin' contest. Well, I wasn't givin' it no never-mind. I was just a-standin' there one day, leanin' on the rail of the bunkhouse, mindin' my own business, chewin' on a cheroot, when up sashays the rancher's daughter. And leanin' back beside me, she starts battin' her eyelashes, and she kinda purrs at me. 'Oh, Teddy, are you signin' up for the big rodeo? I just know you could win hands down over all the other cowpokes here. And just think—you could represent the Triple R-Knot and maybe win the trophy for Best Bronco-Buster in the whole of Jackson Hole. And Teddy . . .' and here's where her eyelashes went into overdrive, '. . . my daddy would be so proud of you, I just don't think he'd know what to do.' And she just picked herself up and sashayed right on away. Well, now, I gotta tell you, this started ol' Ted thinkin' in a new direction. Yessum, I gotta tell ya so."

I thought it was kind of cute the way Teddy was leaving all the *g*'s off the ends of his words, and saying things like "Yessum" and "I wasn't givin' it no never-mind," but I was pretty sure it would embarrass him if I pointed it out, so I let him go on.

"Well, I worked hard, I want you to know. Me and Nell, we got up every mornin' long before dawn cracked and went out to the west forty, and I'd tell Nell just to let 'er rip, and I'd try to hold on."

"Oh, Teddy," I said with a smile, "Nell doesn't look like she could throw a Frisbee, let alone a big teddy bear like you."

"Well, sometimes that was true. But then I'd use little tricks. Like one time, I wore my scratchiest wool long johns and she was itchin' so bad, she just couldn't do enough to get me off her back. That was a good workout that day, I'll tell ya. And she was a good horse, Nell was, so she did her best, even when I didn't wear my long underwear. And that pretty lady with the golden hair, she'd come out to watch us sometimes when we worked out in the afternoon. And I have to admit, I started thinkin' how nice lookin' she was, and how makin' her daddy happy wouldn't be the worst thing that could happen to a teddy bear like me. I saw myself lookin' down over that spread of land and saying, 'It's mine, all mine.' And I kinda liked the way that made me feel.

"Well, I guess that line of thinking and all that hard work paid off, because out of all the cowboys there, *I* was chosen to represent the Triple R-Knot in the rodeo. And before you know it, I was signin' up to ride in the bronco-bustin' main event. Oh, and Melissa—that was her name, the rancher's daughter—even made me a special outfit for the Big Day. It was all red and silver and turquoise—oh it was a purty sight, all right. So I rode into town on ol' Nell, who was also all decked out for the occasion. And we waited for the announcement of the main event.

"'Nell,' I whispered, 'this is our big chance. You and me—we're gonna own the Triple R-Knot before you know it, if we just play our cards right. Now, you give it everything you've got. And don't be afraid of hurtin' me. 'Cause what's a little pain? After the cryin's over, we're gonna be on top—yessir!'

"'NEXT EVENT,' the voice thundered over

the loudspeaker, 'BRONCO-BUSTIN'!' AND TO LEAD IT OFF—TEDDY BEAR OF THE TRIPLE R-KNOT RANCH. . . .'

"'This is us, Nell,' I could feel myself start to shake. 'This is us!'

"'TEDDY BEAR WILL BE RIDIN' THE UNCONQUERED, THE UNCONQUERABLE LOCO LOBO—KNOWN THROUGHOUT THE WEST AS THE KILLER!'

"The cheers went up, and my stomach went down—right down to the bottom of my feet. I didn't know I was going to have to ride Loco Lobo. I thought I'd get to ride ol' Nell—just like at home. Nell looked at me. I looked at Nell. And then I looked at Loco Lobo, in the next pen. And I knew it was all over. No one had ever conquered him. One look and I knew why. A tougher, meaner-lookin' critter I'd never seen."

"Poor Teddy!" I exclaimed. "But *you* conquered him, didn't you?"

Teddy didn't answer me. He just got a farther-away look in his eyes, and went on.

"I dropped onto Lobo's back, the gate opened, and we were out. The noise from the crowd was deafening, the sound of it crashing in on me as I was throw into the air, time and again, landing with a force that knocked all the wind out of me. Just when I thought I couldn't take it anymore, an image popped into my mind."

"You, standing on a hilltop, looking down over a spread of land that's yours, all yours?" I asked.

"No, me, lying in a hospital bed with two broken legs and two broken arms. That's when I *knew* I couldn't take it anymore, and I let go. Oh, I went flying! I landed with a great plop!—right in the middle of a big mud puddle. The crowd was booing like crazy, but I thought I still had a chance of winning. 'How long did I last?' I asked the cowpoke who came over to help me up. 'Five minutes? Six? Ten?'

"'Seven seconds.' That's all he said. 'Seven seconds.' A lump came into my throat. I looked down at the mud splattered all over my silver and red and turquoise suit, and when I looked up, I saw Melissa's face, tears running down her cheeks. Even Nell wouldn't speak to me. I knew then and there I no longer had the right to call myself a cowboy. I'd given up the privilege of eating beans around the campfire when I'd landed in the mud."

I sighed a deep sigh. That *was* a sad story. I shook my head as I thought of Teddy falling off that horse.

"What did you do then?" I asked at last.

I thought I saw Teddy wipe a tear from his eye as he answered. "What else could I do? I hung up my gauchos, handed in my dogies, and packed up my troubles. I was out of Jackson Hole before the last rays of sunset disappeared behind the tops of the Teton Mountains. I jumped on the next train headed east, and didn't look back."

"Did you ever hear from Melissa again?"

"No, but Nell wrote me once. She said, 'After everything we went through together, life in the pasture isn't bad at all. Your friend, Nell.' Wasn't that nice?"

"I think so," I said, not at all sure. Teddy looked up at me sadly.

"Come on," I said, giving him a squeeze, "this is exciting. Turn the page. I want to see what's next."

In the Himalayas

A GREAT ADVENTURE!

"IT LOOKS as if you were exploring," I said as soon as I saw the next picture. "Did you go to the North Pole?"

"Far from it. This was actually taken in the Himalayas. I had set out to find the Abominable Snowman."

"The Abominable Snowman! Teddy, weren't you afraid? You didn't go alone, did you? I've always wondered what the

Abominable Snowman was really like, but I don't think I'd try to find out. I'd just take somebody else's word for it. Oh, what a brave thing to do. Did you find him? What was he like? Weren't you scared?"

"You asked me that already," Teddy said, cutting in.

I was so excited I could have asked more and more questions, and poor Teddy would never have had a chance to answer.

"Now, if you'll just listen," he went on, "I'll tell you all about it. But . . ." and here he looked around the room cautiously, ". . . you have to promise to keep this story secret. What I'm about to tell you is just between us."

"Oh, all right," I said, already wondering how I was going to be able not to tell my best friend, Cheryl, who tells me everything and I tell her everything, and we *never* keep secrets from each other. "Go ahead," I said.

"Well," he began, "I had heard about this

creature, the Abominable Snowman, and I decided to find out for myself just who and what he was. All I knew was that he was supposed to be very big and that he lived in the Himalaya Mountains. So one day, I set off loaded up with all my hiking gear and lots of provisions—or so I thought—and most importantly, my camera, in case I got a glimpse of him. Well, the first few days were a piece of cake."

"Is that what you took to eat? That's not very nourishing," I said, trying not to sound like a mother.

"No, that's just an expression. It means that the first few days were easy. I hiked and I hiked, and I rested some, and then hiked some more. No sign of the creature, but I didn't let it worry me. Then, around the fourth day, things started to go wrong. I was now pretty deep into snowy country and my food was running low. I thought I knew where I was headed, but just as I was crossing a ravine, I dropped my compass. Down it went, and with it my only way of knowing which direction to turn."

"You could always use the sun," I suggested.

"Well, that's true, of course. And I did. But then other bad things happened."

"Oh dear."

"You bet 'oh dear.' Shortly after I lost my compass, I twisted my ankle and had to rest for a while. And by then, I was feeling so sorry for myself that I went on an eating binge. I ate everything I had brought with me. Right down to the last drop of honey."

"Oh, Teddy, that wasn't a very smart thing to do." Now I knew I sounded like a mother.

"Of course, it wasn't smart. But I wasn't thinking straight. Too many days out in the sun and snow, I guess. Well, anyway, night fell. I went to sleep, and the next morning when I woke up, I didn't know what to do. I was lost, completely lost. No food, no compass, and my ankle hurt so badly I could hardly move. I just stayed where I was. And before I knew it, I could feel myself falling asleep again. This is it, I thought, good-bye world. And then I didn't think anything else because I was sound asleep."

Teddy stopped for a moment and looked up at me, waiting for a response.

"Well?" he asked, "pretty dramatic, huh? Bet you're wondering how I got out of it alive. Well, I'm going to tell you. But remember, you have to keep this part of it quiet."

"Okay," I whispered, wondering if whispering it to Cheryl would be quiet enough for Teddy.

"When I woke up, I was no longer out in the snow."

"No?"

"No. I was in a very nice cottage, tucked into a *very* big bed. When I opened my eyes, I could see a fire going in the fireplace and a kettle with something that smelled awfully good bubbling away inside it. At first, it was hard to see everything clearly, since there wasn't any light, except from the fire. But it seemed like a place out of a fairy tale, and any minute I expected a little old shoemaker and his little old wife to come hobbling over to the bed and feel my forehead. Instead, I got the shock of my life. The door opened and, with a blast of cold air, in walked a huge teddy bear! I practically jumped out of the bed, except that I didn't have the energy. He looked over at me and said, 'Oh, so you're awake. Would you like some chicken soup? I have some cooking on the fire.'"

"My mouth couldn't even form the words to answer. I just kept staring. He must have been fifteen feet tall, he was kind of a gray color, and his hair was all shaggy. But in a way, he looked very much like me—a regular old teddy bear. Except maybe one with a glandular problem.

"'Don't be afraid,' he went on, 'I won't hurt you. I found you in the snow and brought you here. It was a close call, you know. You had icicles hanging from every part of you. But I got you warmed up in no time. Do you like my home?'

"He seemed to really want to know, so I forced myself to say, 'Yes, v-v-very n-nice.'

"'Oh, good,' he answered, 'I'm glad. I don't have much company here. I'm pleased you like it. Now, how about that chicken soup? It's my own recipe. I know you'll enjoy it. Besides, it's good for you.' Oh, I suppose I should mention that he spoke with an English accent. Naturally, I was curious about that. But now that I'd found my tongue, first things first.

"'Are you the Abominable Snowman?' I asked, as he was ladling up my soup.

"'Well, that's what some people call me. Awful name, don't you think? I do have a name, after all. If they cared to ask, people could call me by my rightful name. What's yours, by the by?'

"'Teddy Bear.'

"'Teddy Bear,' he said back, thinking about it. 'It's a nice name. Simple and direct. I like it. Here, taste this. Tell me if it needs anything.'

"I tasted the soup. It was delicious. It did need a touch of salt, though, and I told him so.

"'Yes, Teddy Bear is a very nice name. American, are you?' I acknowledged that I was. 'Yes, I thought as much. You Americans are so direct, after all. My name's a bit more complicated. But I'm English, you see, and that's the reason for that.' He extended his large, hairy paw. 'Clive Neville-Phillips,' he said. 'Pleased to make your acquaintance.'

"I shook his paw, feeling more at home now, and much better with a little of his chicken soup inside me. 'And a pleasure to meet you, Clive,' I responded, 'but tell me, how is it that you've come all the way to the Himalayas and are known as the Abominable Snowman?'

"'Simple story really. Though, unfortunately, nothing is simple when it involves *people*. I was given as a gift by a family in Mayfair to their rather spoiled little boy on the occasion of his tenth birthday. It seems he didn't want me. Preferred a teddy bear of your size and character to one so, shall we say, grandiose? I suppose I can understand that, really, but what I cannot understand is the abominable—oops, sorry about that— way his parents behaved once he'd rejected me. That very day, they took me to Hampstead Heath and abandoned me. Just

27

like that, one-two-three, out the door and fare-thee-well. I was on my own. Everywhere I went people were frightened of me. I didn't seem to fit in anywhere. So I traveled and traveled, avoiding people as best I could, until I found myself here, in these mountains. A little girl in a village nearby befriended me and has been helping take care of me since. It was she who found this little cottage and set me up here. She's quite delightful. I hope you'll be able to meet her.'

"I said I hoped so too, since I had no idea how to get back and would need a guide."

I interrupted. "How did he survive? That little girl couldn't have paid for his food."

"That's what I wondered," Teddy answered, "so I asked him."

"'Well, that worried me too at first,' he said. 'Naturally, I couldn't depend on this sweet child for everything. But I didn't have a clue as to how to handle the situation.

Then, having a lot of time on my hands, I began to write. After a time, I had a rather respectable collection of short stories—droll, humorous pieces—that I'd written. I sent them off in a bunch to one of England's more important literary magazines. I was quite surprised when they accepted the entire lot! Since then, I've become one of their regular contributors, and in fact, have quite a following. Little do my readers know that their beloved Clive Neville-Phillips is in reality the dreaded Abominable Snowman. You see what I mean when I say it is not really so simple, eh?'

"I certainly had to agree with him about that. Then, feeling drowsy, I drifted back to sleep. I awoke the next day, to see my host and his friend from the village playing dominoes and eating cookies.

"'Have a good sleep?' he asked, ever the thoughtful host. 'Chocolate chip cookie? I made them myself. Quite good, if I do say so.'

"They were indeed. Later that day, I prepared to take my leave. Clive gave me a jar of his chicken soup and a bag of his chocolate chip cookies, and his friend guided me to the village. Before I left, I asked him one favor.

"'I promise not to tell anyone I've actually met you,' I said to him, 'but would it be all right if your friend took a picture of the two of us together? Just for my scrapbook.' Well, he couldn't agree to that. He was very nice about it, but said surely I must appreciate the delicate nature of his situation. Then, after a moment's reflection, he offered a compromise. We stepped outside, and his friend took the picture you see in my scrapbook. That's his footprint I'm standing in."

"Didn't that prove to everyone that you'd found the Abominable Snowman?"

"No, they all thought it was a fake. And I was just as happy, really. After all, Clive had become my friend, and I felt protective toward him. It's just as well that the world has never caught up with him. He lives a happy life in his little cottage, though it must be lonely at times."

"Yes, it must," I agreed. Then I said, "Maybe someday we could go there together and visit him."

"Yes, perhaps we could," Teddy said. "And believe me, it would be well worth the trip. I've never had better chicken soup in my life."

Teddy turned the page.

Clowning Around

TEDDY AT THE CIRCUS

"NOW, HERE'S the one I really like. It brings back such happy memories."

"You were a clown, too?"

"Only for a little while. But in many ways, it was the high point of my life. I loved to make the children laugh. And I made friends with all the people who worked at the circus, and the animals, too—even the lions. Everybody in the circus was happy. It wasn't an easy life, but it was a rewarding one. And I was a *good* clown because my arms and legs are so loose, I could fall down and trip over myself in all sorts of funny ways and never get hurt."

"And besides, you had practice falling when you were a cowboy," I said, teasing. Teddy frowned at me, and I behaved.

"But, of course, my greatest adventure was not as a clown at all," he continued. "It was the day I walked the high wire."

"You didn't!" I gasped.

"I had to," he answered, "there was a damsel in distress."

He sounded so grand when he said that. I had always wanted to be a damsel in distress, even though I wasn't quite sure what it was.

"At one performance, the high-wire artist, a beautiful lady with golden curls, slipped when she was halfway across the wire and was suddenly hanging on by one hand. She'd been sick with measles the whole week before, and everyone told her not to go on that day, but she thought only of all those people who had paid to see her, and she said, 'I must go on!' And so she did." Teddy stopped for a moment and leaned back on one elbow.

"You know, people think there's nothing to being a clown. They think it's easy, that all you have to do is go out there and make silly faces and fall down a lot. But there's more to it than that. Why, I had to study for a long time to be a clown. I'll bet you didn't know that clowns have to study, did you?"

I had to admit I didn't. I wanted to ask Teddy to get back to the story, but he seemed determined to tell me how hard it was to be a clown. He got a stern look on his face, the kind my dad gets when he's about to tell me something for my own good. Like when he says: "Do you have any idea what it was like when *I* was *your* age, young lady?" Boy, I knew dads were like that, but I sure didn't expect it from my teddy bear.

Teddy cleared his throat, and I looked down at him. He must have been reading my mind, because he sat up and said, "Well, I guess you don't really want to hear about all that, anyway. Where was I?"

"The high-wire lady," I said, relieved.

"Oh yes, Miranda. Well, it was—do you have any idea what kind of condition you have to be in to take all those falls? You have to know *how* to fall. If you're all tense, it's no good. You'll just hurt yourself."

"Oh. Uh-huh. I'll remember that." I tried to avoid looking in his eyes. There was a pause while he waited for me to say something else. Finally, he spoke.

"What was I saying?"

"Melissa."

"Who?"

"Melissa, the high-wire lady."

"Oh, you mean Miranda. Melissa was the rancher's daughter."

"Oh yes. I'm sorry. Miranda."

"That's hard work too, walking the tightrope. Everybody thinks it just takes nerves. And it does take nerves, but it takes a lot of work, too. You have to practice, practice, practice. Takes skill, I'll tell you that. Nerve and skill. Nerve and skill and practice. Um-hmmm." He paused, and I thought he was finished. But then he said, "Nerve and skill and practice, practice, practice!"

"Teddy!" I was ready to jump out of my skin. "Will you *please* tell me the rest of the story?!"

"Oh yes. Sorry. Well, as I told you, Miranda had been sick. But she went on, anyway. And then, when she was halfway across the wire, down she went, until she was hanging on with one hand. When I saw her fall, I didn't even stop to think about my own safety. I practically flew up the long ladder and stepped out onto the wire without a moment's hesitation. It was only after I'd taken a few steps that I realized where I was."

"What did you do?" I asked breathlessly.

"I made a *very big mistake.* I looked down. My head started swimming, and the next thing I knew, *I* slipped, too! Somehow my knee caught on the wire, so that I was hanging upside down. The crowd gasped. Then there wasn't a sound. And then, while I tried to get back to the wire, I heard someone laughing. One little laugh. Far away. And then someone else. And then someone else. And more and more laughs, until my ears were ringing with the sound of people laughing. I don't know how I did it, but I managed to get to my feet again, walk a few inches, and then *down* I went again, this time catching the wire with both hands. Well, the audience loved that one. They laughed even harder than the first time. And then I realized they thought I was doing it on purpose! After all, I *was* a clown. Little did they know that I was scared out of my wits. And poor Miranda—I saw the look on her face. *She* knew I wasn't kidding around. Hand over hand, I inched my way to her until we were looking into each other's faces.

"'What do we do now?' she asked me. I told her to put her arms around my neck, and I'd take her to safety. Thank goodness she didn't weigh very much. Because hanging from the wire like that, I couldn't take too much of an extra load. When we got to the end of the wire, she stepped up onto my shoulders and then onto the platform—and safety. Then she took my hands and helped me up. There was a thunderous burst of applause from the audience as we turned and waved. I broke into a big smile. (I couldn't help myself.) And then I fainted."

"Oh, you poor thing," I said, cuddling him.

"But it was all right. I woke up, my head in the beautiful lady's lap, and when we got to the ground, she gave me a big kiss."

I didn't like that part, but I didn't say anything.

Teddy turned the page. "See this? This was the headline in the next day's paper."

TEDDY BEAR SAVES THE DAY
VALIANT CLOWN RISKS LIFE FOR BEAUTIFUL HIGH-WIRE ARTISTE!

I looked at Teddy as he gazed at the headline, his button-eyes shining with pride. He turned to me and with a sigh, said, "They thought it was all part of the act—that I was just a clown up there. But when they found out the truth—I was a hero! Oh, those were great days, and that was the greatest of them all. But as with all good things . . ."

"It had to end?" I asked. "But why?"

"One of the lions forgot we were friends and tried to eat me for lunch. I didn't care for that. So I moved on."

"I don't blame you," I said. "I don't think I would care for it either." I turned the page.

More than a cub reporter

TEDDY: ACE REPORTER

"OH," I CRIED in disappointment before I could stop myself, "this one doesn't look very interesting."

"Are you kidding?" Teddy asked seriously. "This was one of the most exciting and dangerous episodes of my life. I was the ace crime reporter for the *Chicago Daily News*."

"What does that mean?" I asked. "It

looks as if you just had to write a lot of things down in a notebook."

"Listen, sweetheart," Teddy said in a tone of voice I'd never heard him use before, "you'd whistle a different tune if you'd ever walked that Southside beat. I had to have the soles of my feet resewn after a few months on that job. I'd been put on a case that nobody else had been able to crack. The best detectives on the force couldn't make head nor tail of it, and six reporters before me had come in empty-handed. That's when the boss called me in and said, 'Ted, I'm going to put you on the toughest case I've ever seen— the Case of the Missing Milk Money. We've had a few leads, but they all end up nowhere. All we know is that hundreds of Chicago schoolchildren are being robbed of their precious milk money. We don't know who's behind it—and neither do the police. Here's a chance for a big scoop, kid. Go to it.'"

"Teddy," I interrupted, "did you solve the mystery all by yourself?"

"You don't get to be an ace reporter by following the crowd, kid. I had to go it alone, notebook in hand, all my senses at the ready."

"How did you do it?"

"Well, the first step is to use a little psychology. You know what that means?"

I shook my head. I hated it when Teddy used big words I didn't understand.

"It has to do with the way people behave—what makes them do the things they do," he explained. "I had to try to figure out just what kind of person would steal milk money from schoolchildren."

"Not a very nice one," I said. That much psychology even I knew.

"No, not a very nice one. But what else could we say about him? Or her? I didn't have a clue to go on. My hunches told me that this person hated milk! But why would that make him steal milk money from kids?"

I looked blankly at Teddy. This was a real mystery, and I didn't know what to say. Finally, Teddy broke the silence.

"That's what *I* thought at first, too. *Nothing.* Then I started reading up. I read some Freud, and that cleared the whole thing up for me. Now this Freud character—he's a big deal in psychology, see—he says that everything we do when we're grown up is because of something that happened to us when we were kids. So I decided this thief probably had a mother who made him drink so much milk he couldn't stand it anymore, and now he was going to make it so that if he had *his* way, no little kid would have to drink any milk at all—ever again!"

"But that's terrible," I cried. "*I* like milk. Lots of kids like milk. He shouldn't be allowed to do that."

"Of course, he shouldn't," Teddy answered.

"And that's where I came in. I was going to put a stop to it. Now that I had his personality figured out, I had to find out how he did what he did. In order to do that, I'd need a disguise. That way I could fit into the scene without his ever suspecting a thing, get it?" Teddy winked at me.

"Disguises were sort of my trademark. Once I dressed up as a butler in a murder case. The only thing was it turned out the butler did it! Boy, I had a fine time getting out of that mess. But this time I was stumped just coming up with a disguise. I didn't know *what* I was going to do. I decided I really looked too old to pass myself off as a student. So I thought some more. I thought and I thought—and then it came to me in a flash. It was simple, really. I couldn't believe it hadn't occurred to me sooner. You see, kiddo, I looked at it this way: take off the raincoat and hat, and what have you got?"

"A teddy bear," I said.

"Precisely. And what could be a better disguise? All I had to do was get out of my detective duds, climb up onto one of the shelves in the classroom and pretend to be a *toy*! Clever, huh? That way I could see and hear everything that went on. And no one would suspect a thing."

"How did it feel to be a teddy bear?" I asked.

Teddy shrugged. "It's okay. No big thing. I must admit it was nice change of pace for a while. Nice and quiet."

"Did anything happen?"

"Well, nothing to do with our thief at first. Of course, a few kids tried to play with me, but I just told them to buzz off. And after that, they left me alone so I could go about my business. Then, finally, after almost a week of waiting . . . the payoff! One Friday morning, all the kids came in crying to their teacher—some mean man had stopped them on their way into school and demanded their milk money. I listened long enough to find out the location of the scene of the crime—and took off in a flash. I got to the street corner, looked around and didn't see our man. But then I noticed a little candy store, and I thought to myself, Aha, where would this kind of lowdown character who hates milk go after he's made off with all that money? Why, what better place than the candy store to fill up on soda pop."

"Oh, that's very clever," I said.

"Basic Freud," Teddy replied. "He was getting even with his mother. I grabbed a cop who was standing nearby and together we burst into the store. Sure enough, there he was—drinking down what looked like his third bottle of soda. 'Okay, officer,' I said, 'do your duty. This is the creep who's been stealing milk money from all those helpless little children.'"

"Who was it?" I asked.

"Shorty 'the Slug' Loomis, a tough cookie if ever there was one. It was a real feather in my cap to bring him down, I'll tell you. He was one of the Ten Most Wanted Criminals in Chicago."

"You mean he did more than steal milk money?"

"Oh yeah, that was small stuff for the Slug."

"Gee, he must have really hated milk."

"He did."

"Chocolate, too?"

"Yep, even chocolate. Oh, here's the headline in the next day's paper. *My* story— Column One, Page One."

MILK MONEY MOBSTER PEGGED AS PILFERER OF PUPILS' PENNIES

BY Teddy Bear, Ace Reporter

"My, you certainly have a way with words."

Teddy nodded his head. "Thanks, kid. It was nice getting a big story like that. But after the story broke, I got a little scared. I started getting empty milk cartons in the mail. Not a good sign, I thought. The Slug was really burned up about the whole thing. I'll never forget his last words to me, as I left the courtroom: 'I'll get you for this, Bear. Your days are numbered in this town.' So what else could I do?"

I shook my head.

"I left town, of course."

"Of course." And I turned the page.

Halloween at Chez Mimi

WHITE ALL OVER

"OH!" I exclaimed when I saw the next picture. "What happened here?"

"I was baking a cake that day," Teddy said with a chuckle, "but something went wrong."

"So you were a baker, too?" I asked, thinking by now that Teddy had been and done just about everything!

"I was more than a baker," he answered,

ready to tell me his story. "I was a chef. You know what a chef is, don't you?"

"Sure, it's like a cook—only fancier."

"That's right. I was the fanciest cook for the fanciest restaurant in town: *Chez Mimi.* Now, Mimi was a beautiful lady . . . and kind—"

"Did she have golden hair?"

"Hmm, let me think. Why, yes, as a matter of fact, she did. Why do you ask?"

"Oh, never mind. Go ahead, tell your story."

"It was the most important night of the year at *Chez Mimi:* Halloween—when the biggest names in society came to our restaurant in all sorts of costumes for an evening of fun and food. Even the staff was encouraged to dress up—but I'd been so busy preparing the evening's meal, I'd forgotten to get a costume. I was very upset, because I really had my heart set on winning the firstprize ribbon for Best Costume. But, my cooking had to come first, and I was so far behind with the preparations that I still hadn't begun the cake when the guests started to arrive. I had to work as fast as I could. Everything went flying—eggs, milk, nuts, butter, honey. Well, I was going to put in some honey, but I couldn't help myself— I ate the whole jar, so there wasn't any left for the cake!

"Finally, it was time to add the flour to the batter. I had to climb up on the shelf and pull myself to the top of a very tall tin that held the flour and—remember I said I was in a hurry—I guess I just didn't take time to balance properly, so *in* I went, head over feet, right into the tin of flour. Luckily, my friend, Milton the Penguin, came in the door just then."

I looked at the second picture on the page. "Is this Milton?" I asked.

Milton

"Yes, he was the headwaiter. Of course,
he didn't always look like that. That night, he
was dressed as a pirate. Made him look silly,
if you ask me. Whoever heard of a pirate pen-

guin? Anyway, Milton came in and called out my name. I poked my head over the top of the tin and yelled, 'Here I am! Help me get out of here!'"

"'Teddy, is that you?' he asked. 'What a terrific costume!'

"'What costume?'

"'That polar bear suit you've got on. It's great.'

"Well, of course I had to smile because I hadn't planned it at all. But I wasn't going to let Milton know that. 'Oh, it's just something I threw together,' I said. 'Glad you like it.' Just then, some flour got up my nose and I sneezed. A big cloud of flour exploded around me. Milton helped me get out of the tin and together we finished the cake."

"How was it?"

"Scrumptuous! It was the hit of the evening. But the best part was when Milton and I came out of the kitchen carrying the cake. All eyes turned toward us. Mimi came running over to me and kissed me on the cheek. 'Ah, *mon cher,*' she cried. That means 'my dear' in French—"

"I *know,*" I said dryly. I didn't really, but I felt it was time to put Teddy in his place.

"'Ah, *mon cher,*' she cried, 'what an inspired creation!' I thought she meant the cake, but it was my 'costume' she was talking about. 'You win First Prize! Teddy the Polar Bear! What a clever one you are,' and kissed me again."

"Yick," I said, "don't you get tired of all those ladies kissing you?"

"Do you get tired of eating cookies?"

"Well, no—"

"Well, I don't get tired of being kissed."

I wasn't sure I understood that, but Teddy had already turned the page.

"Here, look," he said.

Awarded to Teddy

Bear—

Costumed as a

Polar Bear!

I had to smile. "Oh, Teddy," I giggled, "you really are a clever one."

"I know," he answered, "and a great chef, too!"

The next picture took me completely by surprise.

A big BIG star

TEDDY IN HOLLYWOOD

"A MOVIE STAR! I never saw any of your movies."

"Oh, it was many years ago."

"But I never saw them on the late, late show either."

"Maybe that's because you're not allowed to stay up that late. Or then again, maybe it's because I made only one picture, and I think that one's been lost."

"Did many people see it?" I asked.

"It was a smash," he said. "Even got me an Academy Award nomination."

"Did you win?"

"No, they gave it to Lassie! As if a dog could act."

I didn't say anything more about that. I thought it best not to. After all these years, Teddy still seemed bitter about losing an Oscar to a dog.

"Well, never mind. Those were good times, anyway," Teddy continued after a moment. "Here I am with a few of my close friends. Ah yes, glamour, money, fame . . . it was good while it lasted."

I turned the page. Teddy was on the cover of a magazine.

"I don't know why anybody would want to leave such a wonderful life. Look, you're even on a magazine cover," I looked at Teddy in a new way—I'd never known anyone who had been on the cover of a magazine, except my friend, Cheryl, who was once on the cover of the Hillsdale Elementary School PTA Report dressed as a frog. "Don't tell me you had to leave Hollywood, too."

"Well, not quite," Teddy said, "but let

me tell you, baby, Hollywood is no bed of roses. It's a town with a silver dollar where its heart should be. After *It Happened One Nut,* I started working on *Teddy Bears on Parade.* What a great movie that was going to be! All singing, all dancing, fifty laughs every five minutes. One hundred dancing teddy bears! And girls! What beauties!"

"Teddy," I said, "I don't want to hear about the girls." I didn't tell him, but I was beginning to feel a little jealous. Teddy had lived such a glamorous life, and everywhere there seemed to be girls, girls, girls.

"Well, it doesn't matter anyway," he answered. "The movie was never finished. For weeks, we shot out in the back lot. One day, while I was working on the big dance number with my director, Buzzy Bunny, I was paged on the set."

"What does that mean?" I asked.

"It means someone was looking for me."

"Not Shorty 'the Slug' Loomis!" I cried.

"Nah, he was servin' twenty in San Quentin then. He didn't worry me. Besides, he was probably one of my biggest fans. Everybody loved me in those days."

"So who was looking for you?"

"Melinda, my childhood sweetheart. She'd come all the way to Hollywood just to ask me to come home."

I was disappointed. Another woman in Teddy's life. This time I really got mad.

"Well, I certainly hope you didn't go!" I snapped. "Why should you leave Hollywood just for some childhood sweetheart?"

"That's what *I* said," Teddy answered. "Why, I practically laughed in her face. *Me*, go back home, when all America is waiting for the next Teddy Bear picture, and the next and the next? No thanks, that's what I told her. I'm riding a rainbow and I'm not coming down. She looked very sad then, and I felt kind of sorry I'd said it, but that's how I saw things in those days. She walked away without saying another word, and I went back to my trailer, put on my tap shoes and reported to the set. We were working on a terrific number: 'We're in the Honey!'"

"Do you remember any of it?" I asked. "Can you sing it?"

Teddy jumped down from the bed, as if he'd just been waiting for me to ask and began to dance and sing his way across the floor. He was really very good! He sang:

"Oh, we are just a bunch of bears
Looking for fortune and fame
Came all the way from Iowa
'Cause Broadway's the name of the game.

Now it's almost opening night
And our hearts are all a-patter
As we see our names go up in lights

And our bankrolls growing fatter . . .

Oh, we're in the honey
We're in the honey
Everything in life is so sweet
Just can't stop our dancin' feet
'Cause we're in the honey now!"

Teddy ended with a great flourish, and I clapped my hands happily. "That was wonderful!"

"Well, it's been a few years," he said modestly. "You should have seen me then. Besides, I don't have my tap shoes. Boy, could this bear tap."

"So, what happened? Why didn't the film ever get made?"

"Wouldn't you know it? Just as we were going into our last day of shooting, word got out that another studio was releasing *Collies on Parade* in just two weeks. Starring guess who?"

I didn't have to guess. I could see it in Teddy's eyes.

"Lassie, the wonder-dog, winner of the Academy Award. Suddenly, everybody loved collies and nobody loved teddy bears. Our picture was canceled, and *Collies on Parade* became a big hit. After that, nobody wanted to hear from T. Bear anymore. I was just another has-been."

"What about the other pictures you were going to do?"

"Canceled. All canceled," he replied. "I worked for a while washing dishes in Rosie's Diner at Hollywood and Vine, but then even Rosie didn't want me. She said I was hurting the image of the place. I thought it was all over. Nobody loved me. Nobody wanted me. One day I was America's favorite, the next day I wasn't good enough to scrape plates at Rosie's. I was walking along the beach one night, thinking . . . it wouldn't make much difference to anybody . . . if I just—"

"No, Teddy!"

"Yes. But then I remembered. A girl with golden hair, who had said, 'Come home, Teddy.' With my last dime, I called—collect, of course—and Melinda said, 'I miss you, Teddy, we all do. Come home. You're still the most important bear in the whole world to us.' And so I left Hollywood. And I came home."

"I'll bet you miss it sometimes though, don't you? The parties, the excitement of making movies . . ."

"Oh, once in a while, a little bit. But then I just open up my scrapbook and remember . . . and that's enough."

He turned the page one more time.

sure I really wanted to know about this story, but I *was* curious, so I asked, "Where was this picture taken?"

"Right here in this house. In fact, in this room."

I looked around my room. That picture was taken *here*? "But it doesn't look anything like this room."

"That's because it was taken many years ago."

"How many?"

"Oh, I don't know. Thirty or forty."

I couldn't even imagine how many years thirty or forty were. Suddenly, Teddy seemed very old, and I felt very young. Now I wanted to know about Melinda.

"Teddy?" I asked. Teddy's eyes were still fixed on the picture.

"Mmmm?"

"Who was this girl? Who was Melinda?"

Teddy looked up at me. "Melinda was

72

like you, in a way," he answered. "She was the first little girl to own me. I was given to her as a Christmas present in . . . oh, nineteen thirty-four, I guess it was . . . and I lived with her here in this room until about nineteen forty-six . . . yes, that's right . . . twelve years."

"Then what happened?"

"She grew up. I was put in a trunk in the attic, together with my scrapbook. The family moved away and left me there. And there I've been—until you came along and found me." I was very sad, thinking of Teddy up in the attic all that time.

"Did you love Melinda very much?"

"She was the love of my life," he answered simply.

I was sorry I had asked. I closed the scrapbook and sat for a long moment without moving. At last, Teddy tapped me on the arm.